ホッブズ 人間論

De Homine

近代社会思想コレクション 08

本田裕志 訳

Hiroshi Honda

京都大学学術出版会

凡例

○ 本書は、Thomas Hobbes の著作 *Elementa Philosophiae*（または *Elementa Philosophica*）の第二部（sectio secunda）である *De Homine*（一六五八年初刊）の全訳である。

○ 使用した底本は、ロンドンの John Bohn から一八三九～四五年に刊行された William Molesworth の編集によるラテン語版著作集 Thomae Hobbes Malmesburiensis Opera Philosophica quae Latine scripsit omnia の第二巻一～一三二頁である。

○ 訳出に当たっては、次の二種の近代語抄訳を参照した。

(1) Indianapolis の Hackett Publishing Company から一九九一年に刊行された Thomas Hobbes, *Man and Citizen*（Bernard Gert ed.）に収録されている、献辞および第十～十五章の Charles Wood による英訳。

(2) Hamburg の Felix Meiner Verlag の Philosophische Bibliothek の一冊として、Günter Gawlick の編により一九九四年に刊行された、第一、十～十五章の独訳（Max Frischeisen-köhler 訳、Günter Gawlichk 校訂）。

○ 本文の段落分けは原則として底本のそれに従ったが、一段落があまりに長すぎて読みにくいと思われる場合には、訳者の判断でさらに細かく区切ったケースがある。このようなケースでは、訳文の段落の区切り目に☆印を付してその箇所を示した。

○ 訳者による訳註は、該当箇所の出てくる見開きの左ページの左端に、本文よりも小さい文字で二段組みにして配置し、訳註の付されている本文中の箇所は、各章ごとに（1）・（2）……の番号によって示した。

○ 本文中のカッコ書きのうち、（　）でくくられたものは、原語表示の場合を除いて著者自身によるものであり、〔　〕でくくられたものは、訳者がとくに補ったものである。

○　底本の本文中において斜字体で強調されている箇所は、訳文中では傍点または「　」、場合によっては両者の併用によって示した。ただし、人名・地名等の固有名詞についてはこれを行なわなかった。なお、「　」は斜字体以外の箇所でも用いているケースがある。

目次

人間論

人間者

私の最も敬愛する主君、デヴォンシャー伯ウィリアム閣下へ

この『人間論』の部を書き上げましたことにより、私はついに自らの約束を果しました。と申しますのは、これであなた様はどんな種類の哲学であれ私の哲学の主要な根本諸原理を、そのすべての部門に関して御存知でいらっしゃることになるからであります。ただしこの部には、それを構成する二つの部分が互いにまったく似ても似つかない、という事態が生じました。なぜかと申しますと、一方の部分は非常に難しく、諸々の証明から成り、少数の人々しかこれを理解することができないのに対して、もう一方の部分は非常に平易で、経験に基づいており、万人がこれを理解できるからであります。それゆえこの両部分は、いわば深いギャップでつながっているようなものであります。しかしこのことは、本書全体[1]の方法がたしかにそのように要求する以上、不可避的なことでありました。

（1）『哲学原本』の全体を指す。

右の要求が生じますのは、人間というものが単に自然的物体であるのみならず、国家の一部、言いかえれば（いわゆる）政治的物体の一部でもあるからであります。したがって人間は、ある場合には人間として、ある場合には市民として考察されなければなりませんでした。これはつまり、自然学の最後の結論が政治学の最初の出発点と、すなわち非常に難解な事柄が非常に平易な事柄と、つながっていなければならなかったということであります。この部の前半部分を活字にする準備ができたのはかなり以前のことです。それなら、残っていたのは非常に平易な事柄であったのに、どうしてお前はこの部の刊行をこんなに長い間待たせたのか、その間お前は何をしていたのか、とあなた様はおっしゃるでしょう。私は「猛獣と戦っておりました」（ἐθηριομάχησα）とお答え申しましょう。と申しますのは、私にはデメトリオスやアレクサンドロス[2]のごとき相手があって、彼らの仕事に（ἐργασίας）私が対抗したがっていると誤ってみなされたため、必要に迫られて彼らの叫び声や罵声に答えていた間に論争が長引き、そのせいでこの部の刊行が非常に遅らされてしまったのだからであります。私は、本書『哲学原本』を書き上げたあかつきには、ペンを捨てる決心をしておりました。しかしながら私は、今や見るところ学問を専門とする人々の習いであるごとく、この擱筆の望みを投げ捨ててペンを手にし続けておりますが、それは今後おそらく本書を弁護しなければならないだろうからであります。いけにえの供え物にはいつでもハエがうるさくつきまとってきました。それゆえ私はドミティアヌス帝[3]のようにして、ペンでハエを刺し貫くでありましょう。そうは申しましても、私の行なおうとしておりますことを、あなた様がもっとよい仕方でなさって下さるならば、話は別であります。なぜなら私は、左のごとき者でありますから。

閣下の最も卑しき僕

一六五八年六月二十四日

トマス・ホッブズ

(2) デメトリオスは、紀元前四世紀末のアテナイの政治家(前三五〇?～前二九七)、紀元前三世紀初頭のマケドニア(アンティゴノス朝)の王(前三三六～前二八三、在位前二九四～前二八三)、紀元前二世紀前半のシリア(セレウコス朝)の王(前一八七～前一五〇、在位前一六二～前一五〇)など、何人かこの名の人物が知られており、ここではそのうちの誰を指しているのか判然としない。アレクサンドロス(前三五六～前三二三、在位前三三六～前三二三)は「大王」と称せられる高名なマケドニア王。アテナイのデメトリオスと同じくアリストテレスに学び、即位後は東征軍を起こして前三三〇年にペルシア(アケメネス朝)を滅ぼし、西はギリシアから東はインダス川に至る広大な帝国を形成した。

(3) 一世紀末のローマ皇帝(五一～九六、在位八一～九六)。自らを神格化してキリスト教徒を迫害し、治世末期には元老院の有力議員の多くを粛清して恐怖政治を行なった。

第一章[1]

一　人類の最初の起源について

人類の起源については、大昔の哲学者たちの非常に有名な見解が二つあったことを、歴史古文書の筆写家であったシチリアのディオドロス[2]が証言している。そのうちの一つは、世界は永遠であると考えたために、人類もまた永遠の昔から存在したと言う必要のあった人々の見解である。もう一つは、世界はある決まった時点で始まったと考えていた人々の見解であって、彼らは自らの見解に合わせて次のように言っていた。すなわち、天と地の諸事物の始めには両者の本性が混合されて一つの様相が存在したが、しかしその後諸物体が互いに乖離して、この可視的世界と空気とが連続運動を受けいれた。そして、ある諸物体は上方へ持ち上げられて太陽と諸天体を構成し、これらは世界全体と空気との回転運動のうちに取り込まれて世界および空気といっしょに回っているが、これに対して他の諸物体は沈降して柔らかくどろどろした混合物を構成した。この混合物はそれ自身の軸を中心として絶えず運動し、そこから諸部分が分離して、湿った諸部分から

(1)　第二章以降の各章には章題が付せられているが、この第一章のみ章題を欠いている。

(2)　ローマ共和制時代末期から帝政初期にかけての歴史家（?～前二一頃）。過去の歴史文書の記録を忠実に採録する手法で古代オリエント文明からカエサル時代に至る歴史を叙述した。

は海が、比較的固い諸部分からは陸地ができ、陸地は最初はたしかにかなり柔らかかったが、しかしその後太陽の光に照らされて固さを増した、と。彼らの言うところによると、大地のこの軟弱さのせいで、太陽にさらされる度合の高い場所では、湿地に何かある腫張ないし水疱が生じ、この腫張ないし水疱には膜があって、それが後で陽に焼けて破れ、そこから人間をも含む全生物種が吐き出されていった、ということが起こったのだそうである。この話はたしかに「創世記」の第一章に伝えられている話に近似しているが、しかし同一ではない。なぜなら「創世記」によれば、たしかに諸物体は互いに乖離して、各物体に固有の同質的な場所へと向かって行ったのであるが、しかしそれは深い淵のおもてをおおっていた神の霊の運動によってであったし、また大地は全生物種を生み出したが、それは神の御言葉によってであった。ただ人間は例外で、他の生物の後で神の似姿に型どって創造されたとある。しかしそれでも、右のように哲学的に考究した人々は、神の啓示なしに会得できるかぎりのことは、会得したのだと思われる。なぜなら、宇宙の最初の発生と消滅とは、宇宙を創られた方以外の誰にも知られていないからである。それゆえ、人類の最初の起源は、モーセによって伝えられた聖なる律法のうちで私たちが学ぶとおりのものである、と信じることにしよう。

二　栄養について

人間の栄養が食物から日々どのようにして得られるかは、ざっと見ただけでもほぼ明らかである。すなわち、食物は食事と言われる運動によって胃に投入され、胃はそれに特有のある運動により、投入された食物を揺り動かし、こうして混ぜ合わせて軟らかくしてから、これを腸へと送り込む。腸は蠕動により、軟らかくされた食物を押しやるとともに、その最も純粋な部分である乳糜を乳糜管の中へ押し込む。乳糜は乳糜管から鎖骨下静脈へ、鎖骨下静脈から大静脈へ、大静脈から心臓へと運ばれてゆき、心臓で血液と混合され、次いで心臓から動脈へと送られる。さらに、乳糜のうちで栄養に適した部分は、頸動脈によって脳へと運ばれ、脳から神経を通って濾過されながら伝わり、細く分けられて無数のごく微細な繊維と化し、肉となる。これに対して血液は、大動脈とその支流を通って筋肉内へ運ばれてゆき、今しがた作られた肉を赤く色づける。

さらに、血液を筋肉内へ運んでゆく運動と同じ動脈運動により、血液は筋肉からあふれ出て毛細静脈の中へ押しやられ、血液自身の重さのせいで鬱滞しないように、弁によって支えられる。次いで血液は大静脈へ、大静脈から再び心臓へと進み、こうして新たな乳糜を受けとって、動脈を通って筋肉へと循環してゆく。そして、これらのことは実験によって確かめられているが、ただ神経による肉の発生について述べられていることだけは例外であって、この点についてはさらなる探究が必要である。

右に述べた経路によって血液が循環している間は、人間は生存している。しかるに心臓がその収縮と拡張の運動を保っている間は、血液は循環している。しかしながら心臓は、この運動をどこから得ているのか。血液中の何かある運動から得ているのか、それとも血液のほうがその運動を心臓から得ているのか。胎児は母親の子宮内にいる間、心臓の運動を母親の血液の運動から、生命を自分がつながっている母親の生命から得ていることが知られている。また、子宮から出て一度空気を吸い込んだら、その後は空気なしには生きられないことも明らかである。したがって、生命は、ということはつまり心臓の運動は、空気に依拠しており、それゆえ空気もしくは空気とともに吸い込まれる何かあるものが、心臓の運動の原因である、という結論になる。しかるに、空気中にあって心臓を動かすものが何であるにせよ、それが心臓に先立って血液を動かすということは必然的である。なぜなら、吸い込まれた空気は気管動脈を通って肺胞組織の中へと移行するし、また静脈性動脈〔肺静脈〕に入り込んで血流に従って心臓へと運ばれなければ、心臓に達することはできないからである。それゆえ、空気中に存在していてそれ自身の運動を血液に刻印するものが、心臓の拡張を引き起こす。そしてこの拡張が生じた後、心臓は動脈を通して血液を送り出すが、この運動が収縮と言われるのである。

ところで、空気中にあってそれ自身の運動により静脈内の血液を運動させることのできるものとは、何であるのかを理解するためには、生物の生存があらゆる空気の中で等しくなされるかどうかを考察しなければならない。しかるに、答えはその反対だということが知られている。仮に空気が混じりけのないエーテルであるとしたら、空気は均質であることになり、それゆえ生物の生存はあらゆる空気の中で等しくなされるはずであるが、混じりけのない空気は血液を運動させてそれによって心臓の収縮と拡張が生じるようにさせることができないから、そういう空気の中ではかえって生物は全然生存しないであろう。そのうえ、少量の空気でも力を加えて袋に押し込み、これを少しずつ大事に吸うようにすれば、それで海の底でも連続六時間は生き続けることができるということが、経験によって知られている。袋に押し込まれた空気が混じりけのないものであったら、こういうことが生じることはありえないであろう。なぜなら、一度吸い込まれて吐き出された空気は、冷却されはするが、再び取り入れられても生命に役立ちはしないからである。したがって空気中には、微小なために目には見えない何かある小物体が存在していて、この小物体がその自然な運動により、静脈内の血液の心臓を動かす運動を引き起こしているのである。すなわち、海水中に塩分が存在するのと同じように、空気中にも何かこれと同類のある塩類、たとえば硝石のようなものが存在し、これが呼吸により血液中に取り入れられて血液を動揺・沸動させ、静脈と心臓を広げ、さらに心臓の収縮により動脈を介して分配されて人体の体質となるのである。しかるに、そのような小物体が持っていなければならないはずの運動は、本書が（『物体論』の部の第二十一章で）「単純（円）運動」（motus simplex）と呼んで、あらゆる沸動（fermentatio）の原因であることを証明した、その当の運動以外のものではありえない。そしてこのことが驚くべきことだとは、誰の目にも見えないにちがいない。なぜなら、血液と心臓の運動が確認されていること、病気と死は非常に多くの場合、不健康な空気を吸うことによって、ということはつまり、空気中に存在していて生命のためにはよくない何らかの小物体のせいで生じること、反対に、他の小物体のおかげで生命と健康が保たれること、これらのことが知られているからである。すなわち、疫病は純粋な空気すなわちエーテルからではなしに、空気中に浮動していて、生命を保つ血液の運動に反するような運動を持っている小物体のせいで生じるように、生命は、そして血液のあるべき運動は、私たちの本性に適した運動を備え持った土質の小物体のおかげで続けられている、ということである。

三　解体

さて、死の原因、すなわち血流の停止の原因は、外部の力以外にもいろいろある。たとえばまず第一に、血液がその中を循環している血管が詰まってしまうことがそうである。なぜなら、筋肉の硬化のせいで血液の流路が塞がれることが起こりうるからである。しかるに、筋肉の硬化が起こるのは、何かある膠質もしくは粘性の体液が筋肉そのものの内部で凝固する場合である。その結果、動脈血が毛細動脈を通過しにくくなるばかりでなく、容易なことでは毛細静脈に入っていかないということにもなる。そのせいで熱が出、心臓の運動の力がこの閉塞に打ち勝たないと、死に至るのである。第二に、何かある化濃性の物質が静脈自体の内部で血液に混入して流れると、血液中のこの物質が動脈を通って筋肉内に押し出されるさいに心臓の労力が、ということはつまり熱が生じるであろう。そして心臓が負ければ死に至り、打ち勝てば肉の内部に潰瘍が生じるであろう。この潰瘍はもちろん、筋肉を通って押し出された化濃性物質によって生じるのであるが、この種の物質が発生するのは傷んだ静脈の内部においてである。そしてこの静脈の傷みが生じうるのは、呼吸によって吸い込まれ、血液中に浸入して静脈を侵触したり血液自体を凝固させたりする小物体のせいであって、これは黒死病の場合に見られるとおりである。さらに、食物の中にあって、もしくは飲酒に際して摂取された小物体によっても、同じことが生じうる。この場合、摂取された小物体は、乳糜とともに静脈内に侵入してこれを傷めるのである。また、ヘビや狂犬にかまれることによっても同じことが生じうる。かまれたことによって何かある静脈が傷つくか、もしくは何からの仕方で毒が血液中に混入して、毒入りの血液を取り込んだ静脈の内部に損傷が生じるのである。最後に、どこであれ静脈の内部へ通じる口が開いているところからは、血管の損傷が始まる可能性がある。たとえば性病の場合、尿道から始まって、尿管・腎臓・腎静脈・大静脈を経て心臓へと、血流に従って毒が徐々に入り込み、心臓から動脈を通って体質化するのである。神経を通って運ばれる物質が詰まることが原因で起こる病気や死も、血管の場合と同じようにして生じる。そして、死や病気の起こり方は他にも多くあるが、しかしそのすべてについて必要なことが一つある。それは血液を、止めるか遮るか抜き取るか、もしくは何らかの仕方で妨げるかすることである。こういったことについてこれ以上詳細に述べることは、医学者たちの仕事である。

四　発生

人間の発生についていえば、それは植物の芽の発生とほとんど同じような仕方で進行する。芽の元となる物質は土壌そのものであって、これが熱によって活性化されたものを、その植物種の固有の種子の特殊な運動が芽へと形成する。これと同様に、人間の発生においては胎児の元となる物質は母親の血液であって、これを両親の生殖液が変化させて人間の姿へと形成する。すなわち、性行為による前後運動を行なうことで血液の沸動と、それによる血管の拡張が生じ、生殖液が発出して膣内に浸入し、そこへ下降してくる血液を生殖液自身の特殊な運動によって徐々に人間へと形成するのである。

私は、身体よりむしろ魂の能力を探ろうと企てているので、人間の発生ということをこれ以上こと細かに説明することはできない。それゆえ私は、右に述べたようなことにだけ言及すれば十分とみなして、さらにこれ以上詳しく論じることは、他の人々に残しておくことにしよう。そして感覚へと話を進める。彼らがもし、発生とか栄養とかの仕組みをすべて十分に洞察しながら、それらの仕組みがそれぞれの仕事のために何かある知能によって組み立てられ整えられたことがわからないとしたら、たしかに彼ら自身が知能のない者であるとみなされなければならない。

第二章　視覚線と運動の知覚とについて

一　序論

視覚が判明で、かつ形を成したものとなるのは、光ないし色彩が、対象の諸部分によって作り出される、そしてこの諸部分の一つひとつにその一つひとつが順々に対応する、そういう諸部分を持った形態を有する場合である。

さて、右のようにして形を成した光および色彩は、像（imago）と言われる。しかしながら、この像を一目見て、これが見られている事物そのものであると、あるいは少くとも、諸部分のよく似た位置関係によって事物そのものを正確に再現するような何かある物体であるとみなすことは、あらゆる動物にとって本性上生得的なことである。もちろん人間も、諸感覚の判断を理性によって訂正したごく少数の人々を除けば、この像を対象そのものであるとみなしており、太陽や諸天体が目に見えるより大きいとか遠くにあるとかいうことを肝に銘ずることは、学問的訓練がないとできないのである。

ところで、対象がその時によって大きく見えたり小さく見えたり、近く見えたり遠く見えたり、ある形に見えたり別の形に見えたりするのはなぜか、ということは、多くの人々がそれを示そうと努力してきたにもかかわらず、私の知るかぎり、誰によっても示されたことがない。しかしこれは、光と色彩が諸対象の偶有性ではなく私たちの表象であるということに全然誰も感づくことがなかったからには、決して驚くべきことではないのである。そういうわけで、像のある場所についてはこれまでのところ、物事の真の原因を知りたいと願う人々が要求するような揺るぎない合理的根拠をもって書き記されたことは何もない。だから私たちは、対象の大小・遠近・形の見え方の違いという右の事柄の合理的根拠を、既に〔『物体論』の部で〕述べられたことからこれまた正確に算出することが可能かどうか、見てみることにしよう。

二　視覚線とは何か、またそのことから、通常の目にとってどういう結果が生じるか

各々の見られている点は、網膜のなす球の中心である一点と、網膜の表面上にあって、見られている点からの光の照射がそこへと導かれてゆく別の一点とを含む、直線上に現出する。さて、この直線は視覚線（linea visualis）と呼ばれ、これが目の表面に対して本当に垂直になっている場合には、視軸（axis opticus）と呼ばれる。

（図Ⅱ―1において）ＡＢＣＤは目であり、Ｇは瞳孔、ＨＨは水晶体、ＡＣは毛様体突起であるとしよう。さらに、見られている点Ｆから発する光線はＢで目に垂直に入射するとしよう。そうすると、〔『物体論』第二十四章第二節により〕[1] 光線は屈折することなく目の中心を通って進み、Ｄにおいて網膜に達するであろう。そしてＦＤは視軸であることになり、Ｄにおいて網膜に対して垂直になるであろう。その結果、網膜上では光の反発すなわち逆戻りが垂直に生じるであろうし、点ＦはＤＦ上のどこかに、すなわち、網膜球の中心である一点と、網膜自体

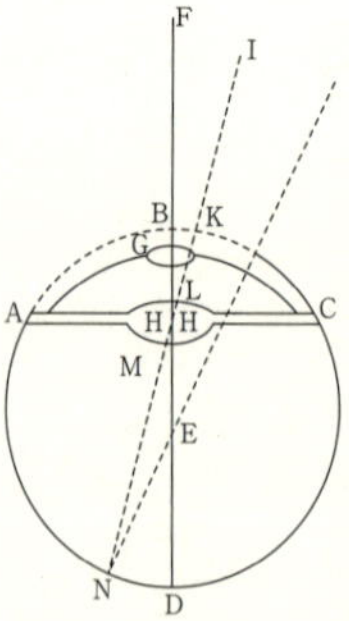

図Ⅱ－1

にあって対象Fからの光線が網膜に入射する位置に当たる別の一点とを含む直線上のどこかに、現出するであろう。

さらに、見られている点Iがあり、この点の発する光はKで目に斜めに入射するとしよう。そうすると、この光はKで垂直寄りの方向へ屈折してKLに沿い、Lで水晶体の表面に達し、そこから再び垂直寄りの方向へ屈折してLMに沿い、Mで水晶体のもう一方の面に達するであろう。最後に、この光はMで垂直から遠ざかる方向へ屈折してMNに沿い、Nで網膜の表面に達するであろう。いま、網膜球の中心Eを通る直線NEを引けば、見られている点IはNEの延長線上のどこかに現出するであろう。なぜなら、(『物体論』第二十二章第六節により) 作用する力がどのような仕方で入射しても、反発は常に抵抗物に対して垂直方向に生じることが示されたからである。そういうわけで、Iは網膜球の中心である一点Eと、網膜上にあって照射がそこへと導かれてゆく別の一点Nとを含む直線NE上に見えるであろう。したがって、見られている対象の作用が目に対して垂直に生じようと斜めに生じようと、視覚線は網膜球の中心である一点と、網膜自体にあって照射されている点である別の一点とを含む直線である。証明終り。

系　右のことから、視覚線はすべて網膜球の中心において互いに交わる、ということが明らかである。右のことを知った上で私たちは、大多数の人々が観察している、また誰でも観察することのできる二つの

---

(1) 垂直な入射に際しては屈折が生じないことと、その理由が述べられている。

現象ないし実験について説明しよう。その一つは、ある人が対象を両方の目で眺め、しかも両眼のうちの一方は自然な状態にあるが、もう一方は視軸が対象に出会わないようなねじれ方をしている場合、対象は二か所に現出するだろうということである。もう一つの現象は、もし人が何かある対象を両眼で注視するならば、この対象よりも近くまたは遠くにある他のどの対象も（見えさえすれば）二か所に現出するだろうということである。

右の第一の現象に関して言えば、（図Ⅱ—2において）一方の目の網膜球の中心をAとし、もう一方の目のそれをBとしよう。さらに、一方の目の視軸AC上に、見られている点Cがあるとしよう。そうすると、Aを網膜球の中心とするほうの目にとっては、点Cは軸DAC上に現出するであろう。したがって、それはCに現出することになる。他方、点Cから光線がもう一方の目に点Hで斜めに入射し、その結果、当然生じるはずの屈折を経て点Iで網膜に達するとしよう。そうすると、Bを網膜球の中心とするほうの目からは、Cは直線IBの延長線上のどこかに、ということはつまり、目のねじれとは反対の方向に見えるであろう。なぜなら、ねじれがなければ、Bを網膜球の中心とするほうの目の軸は見られている対象Cに対して自然な仕方で配置されて向けられ、Hを通るであろうが、しかし今の場合はその自然な位置から点Eへ

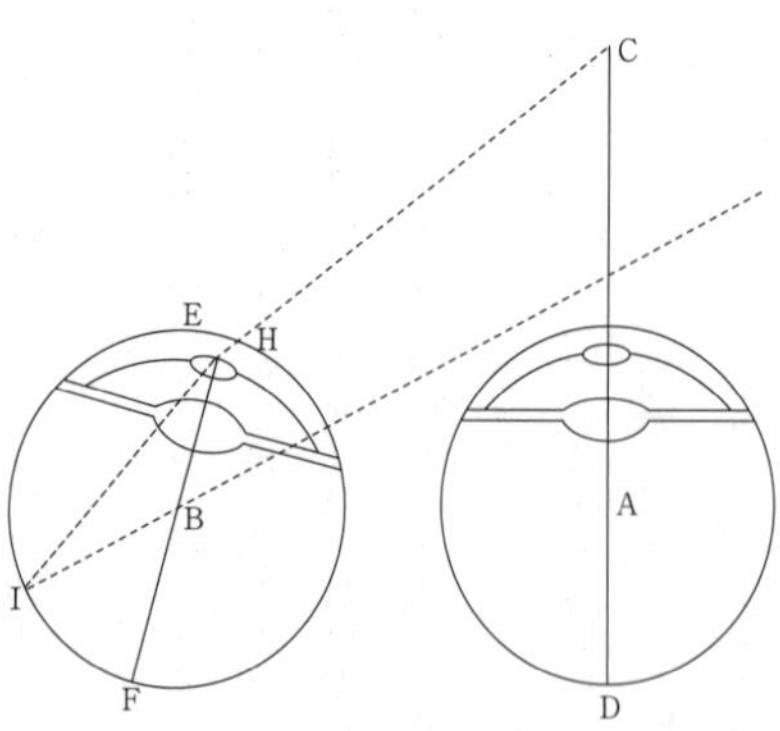

図Ⅱ—2

と押しやられているからである。それゆえ、点Cは二か所に見える、等々。証明終り。

第二の現象に関して言えば、（図Ⅱ—3において）二つの目があって、その網膜球の中心はAとBであり、視軸はそれぞれDAC、EBCで、両軸とも点Cへと向かっているとしよう。また、Cよりも遠くに別の対象Fがあるとしよう。私は、Fが二か所に現出するであろう、と主張するが、その理由は次のとおりである。Fから来る光線は視軸ではないので目に斜めに当たるから、屈折して軸の反対側で網膜に入射するであろう。そこでたとえば、一方の目の網膜に入射する点をHとし、他方の目のそれをKとしよう。そうすると、直線HAとKBを引いて、これを延長すれば、点Fは直線HI上とKG上とに、ただし両直線の交点にではなく交点よりも手前に、現出するであろう。なぜなら、対象Cが光線CEまたはCDによって見える位置の距離は、光線GKまたはIHによって見える位置の距離とほぼ同じだからである。したがって、Fは二か所に見える。さらに、対象をもっと目の近くにとり、その点をたとえばLとすれば、この対象から網膜へと導かれる光線は、軸の反対側から網膜に入射するであろう。この入射点をたとえばMとNだとしよう。そうすると、直線MA、NBを引き、さらにそれらをそれぞれたとえばOとPへ延長すれば、

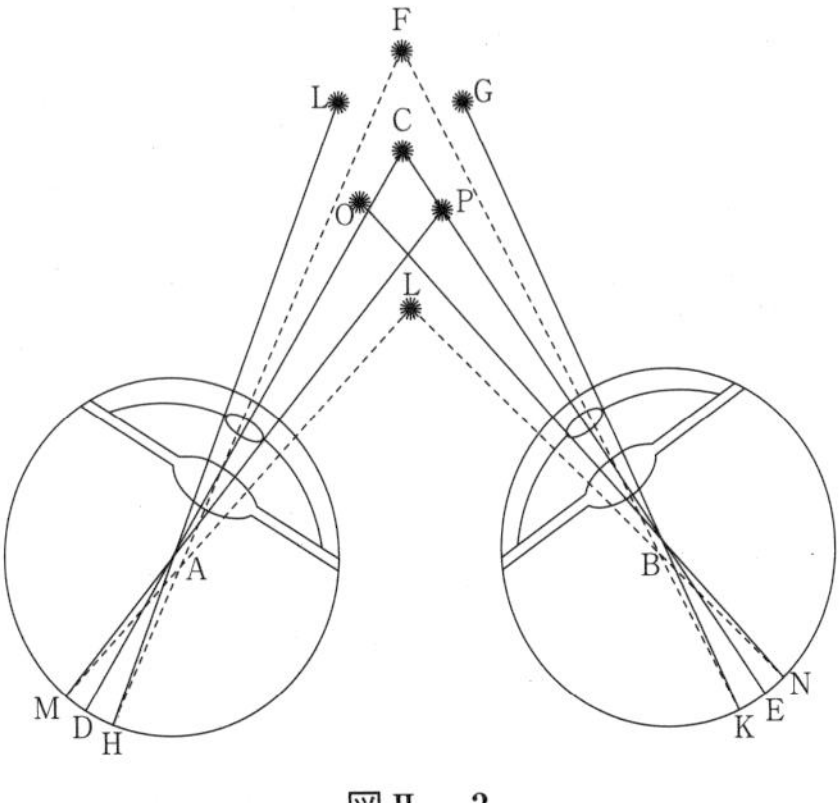

図Ⅱ—3

点LはOとPの二か所に見える。しかも、F、C、Lのうちの一つだけでも視軸上にありさえすれば、この三点が同一直線上にあるかないかはどうでもよい。また、両眼の視軸がともに点Cへと向かってさえいれば、点Cが何かある可視的対象であるかないかもどうでもよい。もっとも、視軸を所与の点へと向ける何らかの可視的対象がない場合には、目を好き勝手な方へと見回す習慣がない場合に生じうるのに比べて、右の現象はかなり起こりにくくはなるが。

系一　このことから次のことを理解することができる。すなわち、何かある非常に小さな対象を注視している人にとっては、その近隣の他のすべての対象は混淆した見え方で現出するということ、そしてこの混淆は、これらの近隣の対象が視軸を通して見られないせいで、二重に現出することから生じる、ということである。

系二　同じことからの帰結として、目が不動のままでは、いかなる対象も混淆した見え方でしか見ることができない、ということになる。なぜなら、目が不動の場合、視軸も不動のままであり、この視軸上にのみ判明な視覚は生じるが、しかしそれはただ一つの点だけの視覚であるから、その結果、目が対象の個々の部分を一つひとつ順番に通覧してゆかなければ、いかなる判明な視覚も生じることはできない、ということになるからである。対象が小さい場合には、目のこの動きは気付かれないほど微細であるとはいえ、ともかくそうなのである。そしてこのことから、何かある詩句を読みたいと思う人は、たとえその詩句が短くて一目でまとめて見渡せても、目の軸を文字の連なりに沿って絶えず向けかえてゆく必要がある、ということになる。

三　対象の微小さのせいで混淆した視覚

さらに、非常に微小な量体や、はなはだ大きいにしても非常に遠方にある量体は、常に混淆した見え方をする。そしてこれは、必要なだけ縮小することのできない瞳孔のサイズのせいである。

たとえば、（図Ⅱ—4において）対象Aはほとんど点であり、視軸はABであるとしよう。そうすると、点Aは軸BA上に見えるであろう。さらに、光線ACはCで目に斜めに入射し、屈折を経て進み続けてDで網膜に入射するとしよう。そうすると、網膜球の中心Eを通る直線DFを引けば、点Aは直線EF上に見えるであろう。それゆえ、点Aは同時に複数の場所に見えることになるが、これはつまり混淆して見えるということである。しかも、瞳孔Cは斜めからの光線をすべて締め出すほど縮小することはできないので、光線ACは目に入らせてもらえるという結果になる。

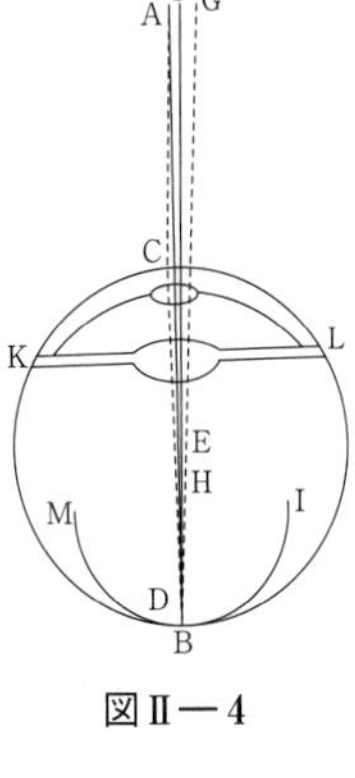

図Ⅱ—4

系一　右のことから、対象の極小部分同士を互いに識別することはできない、ということが出てくる。こういう識別は、どんなにできのよい目によっても、またどのように眼鏡の助けを借りても決してできない。なぜなら、対象はどこまでもより小さい部分へと分割することができるが、これに対して眼鏡の度の強さを無限に増大させることはできないからである。

系二　右の学説には次の帰結も伴っている。すなわち、ごく細い線や、面と面との境目も混淆して現出すること、同様に、さまざまな色をした微小な粉末を調合して作った粉薬も、それらの色を混ぜ合わせた単一の色をしているように現出するということである。

四　目の障害による視覚の混淆

瞳孔と水晶体は同一のままで、しかも眼底Bから同一距離を保っているのに、網膜は、もちろん球形ではあるがしかしその大きさは小さくなって、たとえば〔図Ⅱ―4〕のMBIのようになるとすると、対象のあらゆる点で混淆がさらにいっそう大きくなるであろう。なぜなら、網膜球の中心は眼底Bにより近いところ、たとえばHにあることになり、それゆえHを通る直線DGを引けば、対象AはHG上の、視軸からもっと遠い位置に見えるであろうから。同じことは、ACが網膜に達するよりも先に視軸と交わる場合にも起こるが、しかしその場合には、Aは視軸の反対側に現出することになる。

さらに、網膜球の形は元のままでも、屈折が――水晶体の粘液の粘度の増減と、水晶体の湾曲の増減とのいずれによってそうなるにせよ――増減したり、網膜からの水晶体の距離が増減したりすれば、常に混淆がいっそう大きくなるであろう。理由は次のとおりである。屈折が大きくなるほど、光線は早く視軸ACと斜交する、ということはつまり、光線が視軸となす角度は大きくなる。それゆえ、網膜球の中心を通って引かれた視覚線が同じ視軸となす角度も大きくなり、したがって点Aの見える位置は視軸からますます遠ざかるであろう。また、屈折が小さくなるほど、点Dは点Bから遠くなり、こうして網膜球の中心における軸との角度はこれまた大きくなる。そしてAの現出する位置は視軸からいっそう遠くなるであろう。ただしこの位置は視軸の反対側になるであろう。同様に、水晶体は網膜から遠くなるほど点Bから遠くなり、光線ACは視軸のどちら側で網膜に入射するにしても、それが視軸となす角度は大きくなる。

系一　それゆえ年をとると、網膜が乾燥してたとえばMBIへと縮んでしまったり、水晶体を両側から平らにする働きをしている毛様体突起KLが同様にして縮んでしまったり、水晶体の粘液が薄まったり、瞳孔が広がってしまったりして、必然的に視覚を混淆させてしまう。そしてこの混淆は、余分な視像が、視軸からみて、この視像の対応する光線のあるほうの側に生じることによって起こる。他方、水晶体の粘液が不自然に濃くなったり、網膜からの水晶体の距離が正常な場合よりも遠くなったり、水晶体の面の丸みが強くなりすぎたりしても、軸の反対側に余分な視像が生じ、そのせいで混淆した視覚を引き起こす。しかして、この後のほうの障害が目に生じている人々は、ギリシア語では μύωπες、ラテン語では lusciosi（近眼）と呼ばれる。

系二　老眼・近眼のいずれによる混淆にせよ、右のような視覚の混淆に矯正をもたらすのは、さまざまな形の眼鏡である。このことは、後にしかるべき箇所で示すとおりである。また眼鏡がなくても、小さな穴のあいた板や、目に当てた細い管も矯正に役立つ。それは右の混淆の原因である斜めの光線が、こういう道具によって視軸の両側で阻まれるからである。この矯正法は、老眼と近眼のどちらの障害にもともに利く矯正法としては、ただ一つのものであると思われる。

近眼による視力の衰えが老化によって軽減されはしないところをみると、近眼の原因は水晶体の粘液の濃さにあるのではなく、むしろ丸みの強くなりすぎた水晶体の形か、もしくは水晶体が網膜から遠すぎることかのどちらかにあって、近眼のうちのあるものは後者の原因、あるものは前者の原因によって生じるのだと思われる。

系三　既述のことから、火花や恒星はなぜ髪か毛が生えているかのような現出の仕方をするのかが明らかである。その理由はこういうことである。火花は小さいために、また恒星は非常に遠いために、それらが目に向かって発する光線の角度は感知できないほど小さい。それゆえ、あたかもこの光線の数だけ、点が各方向に増幅したかのように現出するのである。

運動の知覚について(2)

視覚線とそこから生じてくる諸現象とが確認されたので、今度は運動の知覚について述べよう。そこで、知っていなければならないことは、目の前で対象が運動していて、しかもどの点であれ対象の一点がその上を動く線が視軸と交わるとき、視軸が対象に出会ったまま離れないように、対象の動きに追いつくような速さで目の向きが絶えず変えられていないと、対象のいかなる視覚も生じることができない、ということである。このことの原因は、既に説明したことから明らかである。すなわち、視軸上以外のところでは、光線の作用が斜め向きであることによる場合もあるが、大抵の場合、心の注意が常に視軸に随伴しているせいで、あらゆる視覚が混淆していて弱い、ということである。それゆえ、運動している諸事物の完全な視覚のためには、常に目の向きを変えなければならないし、対象が近くにあってその動きが速い場合には、時として頭全体の向きを変えなければならないこともある。しかし、非常に遠く離れた対象の場合は、たとえその動きが非常に速くても、それに追いつくには目の僅かな動きで十分である。なぜなら、目から遠く離れた諸事物の運動は、それが移行する空間は大きいものの、目の内部でなす角度は小さいからである。

さらに、次のことも知っておかなければならない。すなわち、(『物体論』第二十五章で既に説明したように)すべての感覚は運動であり、この運動はどれほど小さいといっても一瞬のうちに終えられることはできないので、視覚から生じた像はただちに消滅することはなく、いささか短い時間ではあってもある時間の間、最初に明瞭だったのと同じ明瞭さで持続する、ということである。

五　視覚において対象が実際よりも長く見えるのはどうしてか

右に述べたことから今度は、高速度で動いているごく小さな対象が実際よりも長く現出するのはなぜかを説明することができる。このことは火から飛び出る火花に関して見られるが、火花は実際には何かある点のようなものであるのに、目にはそのように見えず、長い火の線として見える。同様のことは、何であれ明るく光る対象もしくはよく光を受けて照らされた対象が高速で回転するさいにも生じ、この場合には点の代わ

(2) 底本では、この見出しは本章冒頭の節目次には見えず、それゆえ以下第五節直前までの部分は第四節の続きとして扱われていることになるが、本文中にはこの箇所にこの見出しが、節番号なしで傍記されている。

りに見えるのは円周である。なぜなら、運動開始時に見えていた点から知覚された像が、この点の運動によって円全体の完成されるまで持ちこたえるならば、対象は円形であるように見えるであろうし、半円が生じるまで持ちこたえるならば、半円周であるように見えるであろうから。同様のことは、直線に沿って運動する対象に関しても起こるであろう。なぜなら、運動開始時に生じた像が持続し、かつ対象の運動経路の他の全部分において生じた像がそれに付け加わるから、これらの像がみな同じ事物の像であれば、経路の全部分に対象が現出し、こうして目の前の一原子から線が現出するようになることは、必然的だからである。

系一　火のついた物体が、それ自体の減損は非常に僅かなのに、これほど多くの炎をそれ自身から発するということは、何ゆえに生じるのか、という驚きもまた、右に述べたことからして除かれうるであろう。なぜなら、炎とは多量の極微小物体にほかならないが、これらの小物体は、非常に細いせいで（本章第四節の系三で説明したところに従って）実際よりも幅が広く見え、また今しがた述べたように、動きが速いせいで実際よりも長く見えるからである。

系二　同様に、火薬の点火に際しては火薬の小片の一粒一粒が稀薄化によって以前よりも大きな場所を占める（これは誰も思い描くことのできないことである。なぜなら、正確に同じ物体は常に同じ大きさを有するからである）、と考えている人々は、これほど不条理な意見に必然的に追いやられざるをえないわけではない。なぜなら、点火された火薬が火の玉を発するのは、より大きな場所を火薬が求めるからではなくて、飛び出してゆく小片の速さによってだからである。

運動が感知されるのは、目の向きが、すなわち視軸の向きが変わるのが感知される場合だけである。次に述べる経験的事実は、この命題に一致している。

第一に、太陽や月の運動、わけても恒星の運動は、非常に高速であるにもかかわらず、目では知覚することができないということである。このことの原因は、これほど遠方からであれば、互いに非常に遠く離れた場所から来る光線同士でも網膜球の中心でごく小さな角度しか生じないので、これらの光線を発するものの運動に追いつくには、目の向きを感知できないほど僅かに変えるだけで十分だからである。

第二に、目と対象との有する運動が共通のものである場合には、対象の運動は感知されないということである。その理由は、こういうことが生じるときには目そのものは向きが変わらず、対象の運動の線に対して平行な線上を移動しているので、対象から来る光線は網膜球の中心に対していかなる角度も生じないからである。

六　視覚において、動いていないものが見る人の運動のせいで動いているように見えかねないのはどうしてか

第三に、海岸沿いの海上を船で通り過ぎる人々に起こるように、目は移動しているのに対して対象は静止している場合には、動いているのが目なのか対象なのかは、見てわかるのではなく推論することによってわかるのである。これと同様のことは、船に乗って岸から離れて行ったり岸の方へ向かって行ったりする人々にも起こる。同じ理由により、動いているのは地球なのか諸天体なのか、またその運動は公転運動なのか自

転運動なのかは、感覚によらず理性によって検討されなければならない。どちらだと考えても目に対して起こることはすべて同じだからである。

第四に、対象の運動が複数の運動から合成されていて、これらの運動のうちの一つないし複数が目と対象とに共通の運動である場合には、共通でない運動のみが感覚によって知覚され、残りの運動は知覚されないであろう。たとえば、いっしょに船に乗っている人々同士は、互いに相手が船上を歩く歩行は見てわかるが、相手が船の動きによって進んでいるその進行は見てもわからないごとくである。このことの理由は、彼らが双方に共通な船の運動から得ている運動に彼らの目が追いつくには、目の向きを変える必要はないからである。

七　視覚において、動いていないものが脳・視神経・網膜の諸部分の動揺のせいで動いているように見えるのはどうしてか

静止している対象が、それを眺める人も静止しているのに、脳や視神経の偶発的運動のせいで動いているように見えるということが起こるのも、これまた稀ではない。たとえば、船に乗って波浪による異常な揺れを味わった人々は、上陸して動かない場所でじっとしていても、目に見えるすべての対象が、波浪によって自分が動かされたのと同じ仕方で動いているように見えるということが、経験上知られている。これと同様のことは、過度の酒気によって脳を動揺させられた人々にも起こる。

海の波浪に揺られた人々に関しては、右のことの説明は困難ではない。このことの理由は次のとおりであ

る。海に揺られると頭が揺れて同時に脳も揺れ、脳の一部である視神経や視神経につながった物質である網膜全体も揺れるが、この揺れは船から上陸した人々にあってもすぐには静まらない。それゆえ、対象からの光線がどこで網膜に入射しても網膜からの反発が生じるが、この反発は波の動きに従って動く。したがって、対象の像――その本性がこの反発に存することは既に説明した――も同じ運動によって動くであろう。これに対して、酒に酔った人々の場合は、この種の動きの原因は次の点にあると思われる。すなわち、飲みすぎた酒が温まったために胃から脳へと上昇した酒気は脳を動揺させるが、脳が動揺すると視神経も網膜そのものも動揺させられることは必然的であるから、対象自体も見かけの上では動くということも必然的である、ということである。それゆえ、胃に入った飲みすぎの酒から脳内の運動が生じうるかどうか疑うような者がいるとでもいうのでなければ、この点にはいかなる困難も残らないが、この酒による脳内運動の発生は、たしかに非常に容易になされると思われる。

馬車に乗って進みながら、馬車の道横に位置する山や樹木やその他のやや遠くに離れた諸事物などの対象を眺め、そうやってこれらの事物を長い間眼前に見続ける人々にもまた、馬車が停車してすぐには、それらの対象が以前と同じ運動をし続けているように見える、ということが起こる。このことの原因は次のとおりである。すなわち、馬車が動いていたときは眺める人の脳と視神経もいっしょに動いていたが、馬車が停止しても脳と視神経の動きをそんなに急にやめさせはしないので、しばらくの間は脳と視神経と網膜は動いており、それゆえ像もしばらくの間動いていることは、つまり対象そのものが動いているように見えることは必然的であり、しかもその動き方は、馬車が動いている間に見えていた動き方と同じだからである。

同じ理由により、かなりの高速で、しかも十分に長い時間にわたって、旋回するものに乗って回転していた人々には、周囲のすべての対象が反対の動き方で、回転しているかまたは旋回するものに乗って動いているように見えるが、これはすなわち、回転によって反対方向へ動かされていた脳・視神経・網膜の諸部分が、徐々にしか本来の位置に戻らないことによるのである。

視覚線と、それから生じてくる諸現象とについては、これだけにしておく。次の箇所では、じかに見た視覚において現出する大きさ・距離・形について述べよう。

第三章　じかに見た視覚による、ということはつまり、いかなる反射も屈折も存在しない場合の、対象の見かけの場所、すなわち一般的な言い方では、像の場所について

一　像の場所はどのような物事によって決定されるか。対象を囲む線の場所の認識は、端的な場所の認識にとって十分である

どのような対象であれ、その場所を決定するものは、所与の直線方向の位置においてとられた距離、大きさ、形の三つである。この三つが与えられれば、対象の実際の場所が与えられる。それゆえ、所与の直線方向の位置における対象の見かけの距離と、見かけの大きさと、見かけの形とが与えられれば、その対象の見かけの場所もまた与えられる。

見かけの大きさの認識のためには、ここでは長さ以外の、すなわち表面の一方の端から他方の端へと引かれた直線以外の寸法を考慮する必要はない。なぜなら、目の向けられている面そのものの量は、複数の線の量から認識されるが、しかるに目に見える線の見かけの長さは、線を引いた後でその端と端の間の距離として現出する長さだからである。

二　線はその感覚が全然生じないほど短いことがありうるし、対象もその感覚が全然生じないほど光を放つ角度が小さいことがありうる

どの線の上にも、独力ではそれ自身のいかなる視覚もまったく生じさせないほど短いある部分をとることが可能である。なぜなら、対象が目からいかなる遠さにあっても、感覚を生じさせるためには、ある一定の有限な力が必然的に要求され、その結果、この力が必要限度よりも小さいと、たとえ視覚器官に影響するとしても、感覚できるほどには影響しないからである。そしてその理由は次のとおりである。光を発するか光に照らされるかしているどの対象も、目に対するそれの運動すなわち作用がどんな仕方で、どれだけの距離を伝わろうと、あらゆる距離において見えるというわけにはいかない。そして、対象の与えられた光の力が強さの点で等しいなら、対象が大きければ大きいほど、ますます遠い所からでも見える。しかるに、どの対象も諸部分へと分割可能であり、この諸部分がまたどこまでも分割可能である。それゆえ、分割が限りなく繰り返されれば、その力が感覚されえないほど微小な部分へと、結局は至りつくわけである。

さらに、一つひとつがたしかに視覚器官に影響は与えるが、しかしそれ自身の視覚を生じさせはしないような対象の諸部分も、密集すれば、結合した力によって、もちろん諸部分そのものの視覚ではないが、諸部分の集まって生じた全体の視覚を生じさせる、ということは明らかである。

そのうえ、何かある対象が見られるさいの視角は、次のようなことになるくらい小さいこともありうる。すなわち、対象の作用が網膜に印象を与えるその点はたしかに物理的な点ではあるが、所与のあらゆる物理的な点よりも小さいために、対象の作用がどれほど大きくても物理的な点以外のものは何も見えない、とい

うことになるくらいにである。もっともこの点は、対象の作用が強い場合のほうが弱い場合よりも明瞭に見えるのではあるが。

三　対象の見かけの場所は、じかに見た視覚では常に、実際の場所に比べて目に近いところにある

じかに見たあらゆる視覚において、対象の見かけの場所すなわち像の場所は、対象の実際の場所よりも手前にあって、実際の場所よりも小さい。(図Ⅲ—1において) 対象は直線AB、網膜の弧はCD、網膜球の中心はEであるとしよう。ABはABよりも手前に、たとえばFGに現出するであろうし、FGはABそのものよりも小さい、と私は主張する。対象の部分Aは非常に小さくて、それだけでは距離AEを距てたところからは見ることができないと考えよう。同様に、Aそのものと大きさの等しい他の部分Hをとり、それゆえHもそれだけでは見えないとしよう。けれどもこの二つの部分はいずれも、それだけでも目に影響を与えている。すなわち、部分Aは直線AEをつうじて、部分Hは直線HEをつうじて目に影響を与え、この二直線は集中していってついには中心Eにおいて出会う。さらに、A、Hそのものとこの両点の中間にある諸部分との力が結合されることによって、AH全体の視覚が、ということはつまりAHの何かある像が生じるのであるから、この像はこれらの力が結合される所から、すなわちAEとHEの集中していっている所から現出するであろうが、これは真の対象ABの手前のどこか、たとえばFI上である。それゆえ、Aは直線AE上のAに近い諸部分とともにFの

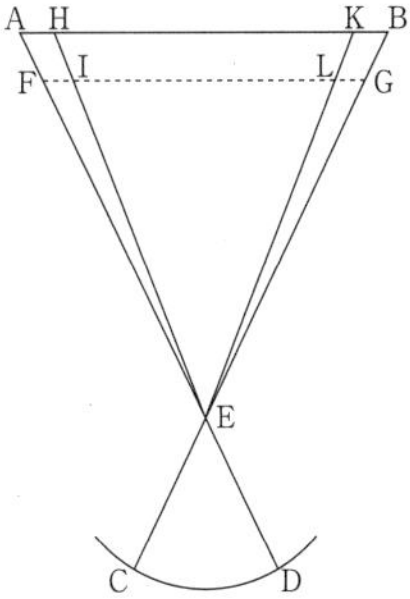

図Ⅲ—1

所に見え、部分Hはそれに近い諸部分とともにIの所に見え、AH全体はFIに現出するであろうが、このFIはAHそのものよりも小さい。同じ理由により、BKはGLに、また対象AB全体はFGに見えるであろう。それゆえ、じかに見たあらゆる視覚において、像の場所は真の対象の手前にあって、等々。[1] 証明終り。

系一　対象の実際の場所に対する視角と見かけの場所に対する視角は同じである。角AEBと角FEGは同じだからである。

系二　同じ対象の目からの距離が遠くなれば、その像が対象よりも手前に見える度合は大きくなるであろう。なぜなら、距離が大きくなるほど対象の作用は弱くなり、それゆえ対象の諸部分は、もっとずっとこちらへ進んで来なければ感覚を作り出すのに十分ではなくなるからである。したがってまた、対象がどんなに大きくても、それのいかなる感覚も全然生じないほどの距離を、対象と目との間におくことも可能である。同じ対象が目から遠くなればなるほど、この対象が見えるときの視角は小さくなる。もっともこのことは非常に明らかで、証明を必要としないほどである。このことからまた次のことも理解することができる。すなわち、対象が目から絶えず遠ざかってゆく場合、対象の両端から網膜球の中心へと引かれた直線同士のなす角が感知できないほど小さくなり、その結果像の両端が集中して対象があたかも一点のように現出するような、そういう場所に結局は至りつくだろうということである。

四　ある距離における対象の見かけの大きさが与えられれば、任意の距離におけるこの対象の見かけの場所も与えられる

ところで、ある対象の実際の距離が与えられ、それとともに、この対象の像が消失して点となるか、もしくはある決まった大きさになるさいの距離も与えられるならば、この同じ対象の見かけの場所も、この対象が目からこれ以外のどんな距離にある場合でも与えられる。ただし、この目からの距離が、対象が点として見えるようになる距離よりも大きい場合はそのかぎりでない。

（図Ⅲ―2において）目はAにあるとしよう。対象を、すなわちその実際の場所をBCとし、これに長さが等しくかつ平行な線分DEを、網膜球の中心Aを通るように引こう。これに対して、対象の見かけの場所はFGであるとしよう。さらに、視覚線AB、ACを引けば、FGは視角BACに対することになろう。いま、対象BCが目に近づいてHIの位置にくると仮定し、なおかつこの対象の見かけの場所を決定しなければならないとしよう。点Dと点Eから直線DF、EGを引けば、FGはCBよりも、ということはつまりDEよりも短いので、DFとEGはどこかで出会うであろう。そこで、その出会う点をKとしよう。さらに線分AH、AIを引き、AHがDKと交わる点をL、AIがEKと交わる点をMとしよう。私は、HIはLMにあるように現出するであろう、と主張す

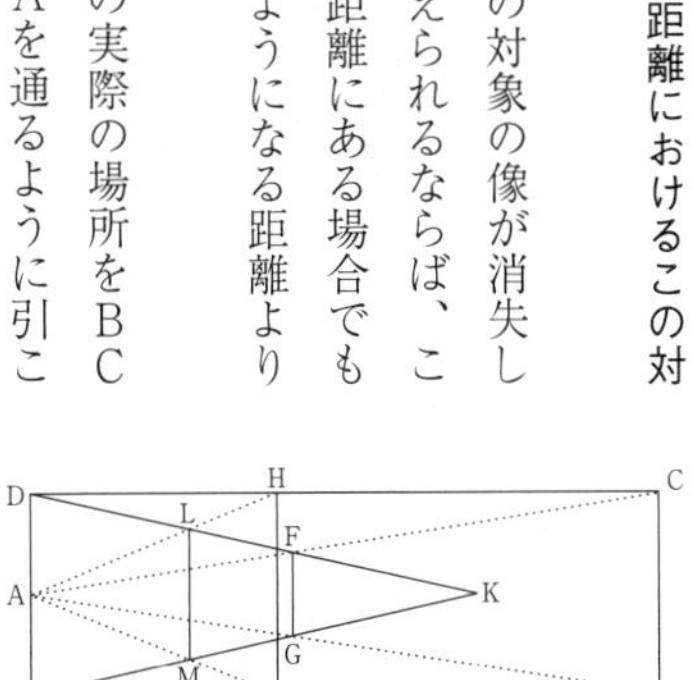

図Ⅲ―2

（1）　本節冒頭の段落が結論として繰り返し述べられるべきところを、証明文の定型に従って省略した形になっている。

る。その理由は以下のとおりである。点Hと点IはそれぞれA視覚線AH上とAI上に現出するであろう。また、対象はDEから遠ざかってゆくにつれて小さく現出するようになってゆき、BCまで遠ざかるとFGに現出し、それ以上遠ざかるとついには点としてKに現出する（この点は、透視図において地平点（punctum horisontale）とも始源点（punctum principale）とも呼ばれる点に相当するものであるが、ここでは消点（punctum evanescentiae）と呼ぶことにしよう）ので、対象の両端は、目からどれほど離れていても直線DK上と直線EK上に現出するであろう。それゆえ、点HはDK上に、点IはEK上に見えるであろう。しかるに、この同じ二点はそれぞれ視覚線AH、AI上にも現出する。したがってこの二点は、それぞれ交点LおよびMに現出するであろう。それゆえ、LMが対象HIの〔見かけの〕場所である。したがって、〔実際の〕距離その他が与えられれば、対象の見かけの場所が見出される。証明終り。

系　作図から明らかなように、同じ対象でも、それが本当に遠ざかってゆくにつれて、より小さく、また目からより遠ざかって見える。

ただし注意しなければならないことは、対象の目からの実際の距離は測定によって決定することができるにしても、じかに見た場合の見かけの場所、すなわち対象の像の距離は測定することができないということである。事物の像は単に思い描かれたものにすぎないからである。

五　対象を両目で眺めると、片目で眺めた場合よりも大きく現出するであろう。またそのことからどういうことが帰結するか

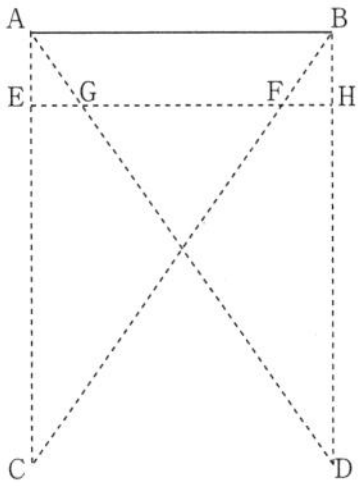

図Ⅲ—3

対象を両目で眺め、また両眼の網膜球の中心同士の距離が対象そのものの実際の長さに等しく、かつそれに平行であるとすれば、両眼のそのような合視による対象の像は、対象そのものの実際の長さに等しくなるであろう。

（図Ⅲ—3において）対象はABであるとし、またCDの長さがABそのものに等しいような二点CとDにある両目でこの対象を見るとすれば、この対象の見かけの長さもまた同じABに等しいであろう。理由は次のとおりである。視覚線CA、CB、DA、DBを引けば、Cにあるほうの目にとっては、ABは二直線CA、CBの狭間に制限されて、ABそのものよりも手前に現出するであろう。そこで、ABは〔それ自身より手前の〕どこでもよいがEFに現出するとしよう。そうすると同じ原因のゆえに、Dに存在するほうの目にとっては、同じABがGHに現出するであろう。それゆえ、対象全体は直線EH上に現出するであろうが、このEHはAB、CDに平行であるゆえに、この両方の直線に長さが等しい。それゆえ、対象を両目で眺め、等々。証明終り。

他方、両眼の網膜球の中心同士の距離が対象の実際の長さよりも短いとすると、対象の見かけの長さも実際の長さより短くなるであろう。

図Ⅲ—4において、対象の実際の長さABがDCよりも短いとしよう。そして、Cにあるほうの目から視覚線CA、CBを引こう。Cにある目にとっての対象の見かけの長さはEFであるとしよう。そうすると、

Dにあるほうの目にとっての対象の見かけの長さはGHであろうし、対象全体はEHに現出するであろう。そして直線CA、DBは間が広がってゆくので、EHはABよりも短い。証明終り。

反対に、左右の目と目の距離が対象の実際の長さを上回っていれば、対象の見かけの長さも実際の長さを上回るであろう。理由は次のとおりである。（同じ図Ⅲ—4において）対象はCDであるとし、さらに一方の目はAに、もう一方の目はBにあるとしよう。視覚線AC、ADを引けば、対象の見かけの長さはこの両線の狭間に制限されて、より目に近い位置に見えるであろう。そこで、それが〔Aにあるほうの目に〕現出する位置をIKとしよう。そうすると、同じ対象がもう一方の目にとってはLMに現出するであろうから、CD全体はIMに現出するであろうが、二直線AC、BDは集中してゆくので、IMはCDよりも長い。証明終り。

さらに、遠く離れた別々の地域にいる二人の人間の二つの目のように、同じ対象を見る二つの目が互いに大きく遠ざかっているとするならば、像の場所は両方の目にとって同じということにはならないであろう。

その理由は以下のとおりである。（図Ⅲ—5において）一方の観察者の目はA、他方の観察者の目はBであるとしよう。さらに、対象はCDで、これは一方の目にとってはEFに、他方の目にとってはGHに、言いかえれば、CDよりも手前

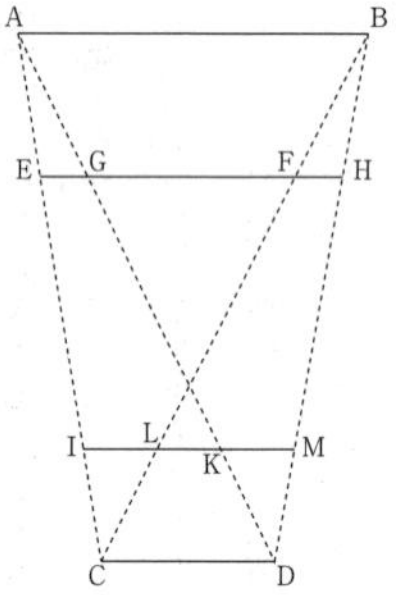

図Ⅲ—4

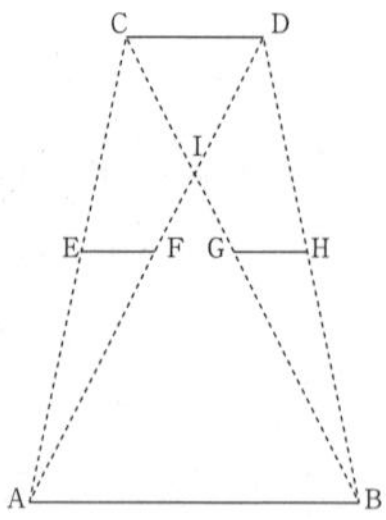

図Ⅲ—5

というだけでなく、視覚線AD、BCが互いに交わる点Iよりもさらに手前に現出する――このことは、直線CDが十分に短いか、もしくは目から十分に遠い場合に起こることである――ほどに、二人の目から遠く離れているとしよう。しかるに、EF、GHは全然何も共有点のない異なる像である。それゆえ、互いに非常に遠く離れた二人の観察者にとっては、対象は異なる場所に現出する。このことは一人の同じ観察者にとっても、彼が異なる立ち位置から対象を眺める場合には起こることである。ただし注意しなければならないのは、長さを二つの立ち位置から捉えるのを常とする土地測量者にとって、このことは何の不都合も生じないということである。なぜなら、彼らは立ち位置同士の距離を測定によって知り、なおかつ三角形ABCと三角形ABDのすべての角をも知るのであるから、辺AC、BC、AD、BDの長さと角CAD、CBDの大きさも知るわけであり、したがって対象CDの実際の長さが彼らに知られずにいることはありえないからである。

さらに、対象の諸部分が独力では感覚を引き起こすことができないほど小さいこともありうるせいで、対象が実際よりも目に近いところに現出する、ということが示されたことから、塔やその他の丸くない物体が遠方からだと丸く現出する原因が明らかになる。なぜなら、諸対象の角や尖端が見えるためには、それらが感覚を生じさせるのに十分な力を独力で有している必要があるが、これは十分遠い距離にあるこれほど細い事物が持っていない力だからである。

六　対象は、その作用が弱くなればなるほど、見え方が不分明になる。またそのことからどういうことが帰結するか

じかに見た場合、対象はたしかに、その作用が弱くなればなるほど、常に見え方が不分明になるが、しかし対象の作用を弱める物事がさまざまであるのに応じて、あるときは遠くに、あるときは近くに見える。現出の仕方が常に不分明になることは、明るさが、つまり光の輝きが激しい作用の結果であるということから明らかである。なぜなら、照らすことと見ることは運動であるから、より大きな照明作用とより大きな輝きはより大きな運動、ということはつまり、作用をこうむるものの数が同じならば、より強い作用であることになるだろうからである。それゆえ、対象と目との間の媒体に不透明な微粒粉末が散乱していて、対象から目へ向かう光線がこれに遮られるならば、対象の現出する位置は、対象が混じりけのない媒体中にある場合に比べて遠くも近くもならないであろうが、しかし作用の力が妨げられるので、輝きは減じて現出するであろう。

これに対して、見る人の心が他の対象に注意を向けていることから作用の弱まりが生じる場合、作用している対象と目との間に他のもっと小さい対象が置かれていれば、間に置かれているほうの対象も実際より遠く、かつ大きく見えるであろう。

たとえば、（図Ⅲ―6において）対象ＢＣは視角ＢＡＣの下に、しかも心の注意を伴いつつ、ということはつまり、心臓の周囲の諸器官の激しい運動を伴いつつ見られているとしよう。また、ＢＣと目との間には他の対象ＤＥが

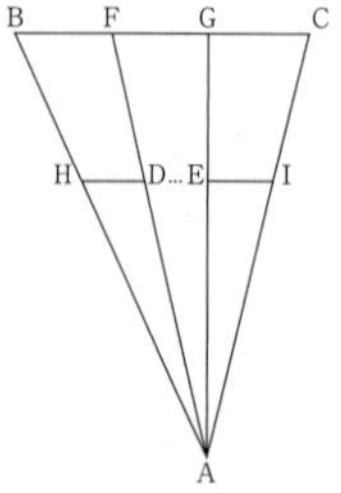

図Ⅲ―6

置かれており、DEはBCよりも小さく、視角DAEの下に見られているとしよう。またAD、AEをBCに出会うまで延長し、その出会う点をそれぞれFとGとしよう。私は、DEはFGに現出するであろう、と主張する。その理由は次のとおりである。心の注意が集中している対象BCを目が見回している間に、部分FGは間に置かれたDEから受け取ったFG自身の作用によってではなく、DEの作用の力によって現出するであろう。それゆえDEは、何かある斑点か目のかすみとしてFGに現出するか、あるいは作用がもっと強い場合には、それ自身の像も作り出すが、ただしその像をFGよりも不分明な見かけの像としてFG上に、つまりDEよりも大きく作り出すか、そのどちらかであろう。同様に、見る人の心が対象DEに注意を向けている場合には、部分FGの視覚は消し去られ、BFがHDに、GCがEIに見えるであろう。しかるに、DHはBFよりも小さく、EIはCGよりも小さいのである。

七　日中は夜間よりも月が稀薄に、かつ小さく現出するのはなぜか

さらに、月は天空の同じ部分にあっても、日中は夜間よりも小さく、かつ稀薄になったように見えるが、その理由は次のとおりである。以前に日中の光の輝きによって刺激を受けた視覚器官は、今では月の光線からくる刺激を受けいれにくい度合が増している。それゆえ、月の作用が比較的弱い日中の間、月の末端の部分は夜間よりも少ししか感覚を引き起こさない。このため、四角い塔も遠くから見ると角がすり減って丸くなったように現出するのと同様に、月はもともと丸いのだけれども末端がすり減って、小さく現出する。さらに月全体は、視覚器官が日中の光の輝きに気をとられてしまっていることから生じる作用の弱まりのせい

で、より稀薄に現出する。これは、日中にはまた喧騒のせいで個々の物体の音も聴き分けにくくなるのと同様である。

さらに、太陽や月やその他の諸星が、地平線の近くでは地平線から遠い場合よりも大きく現出する原因は、次のことから生じる。すなわち、目は地表にあって地球の中心にはないので、目に見える地平線からの、つまり天空と呼ばれるあの青い面の地平部からの距離のほうが、天空の頂点からの距離よりも、目にとっては大きい。なぜなら、各々の星の軌道に対する地球の大きさの比率はとるに足りないほど小さいとはいえ、しかし地球から諸星の見かけの場所までの見かけの距離と比べれば大きいので、地平線を遠くから眺める人の目にとっての地平線の距離を、そこまでの間にある地面を読み測ることによって評価する、ということが起こると、そのことによって天空の頂点からよりも遠く離れているように見えるからである。しかるに、同じ視角の下で見た場合、見かけの距離が大きくなるほど、必然的結果として像の大きさも増すのである。これに対して、他の人々がこの現象について持ち出している原因、すなわち、大気中における屈折のせいでこのことが起こるということは、後で述べるように真ではない。

八　恒星はほとんど無数にあるのに、全部いっしょになっても月よりも少ししか地上を照らさないのはなぜか

自分の光で輝いており、それゆえいわばそれだけの数の太陽とみなされる恒星が、無数にあって、しかも組み合わさって一つになれば月やほかならぬ太陽よりもはるかに大きく現出しそうなほど大量に現出してい

るのに、全部いっしょになっても地上を照らす度合が太陽より小さいばかりでなく、月よりもはるかに小さいということは、なにゆえ生じうるのか、ということが問題とされうるし、また何人もの人々によって問題にされてきた。この問題に対しては、まず第一に次のように答えることができる。すなわち、個々の恒星は非常に鋭角的な視角の下に見られるので、既に（第二章第三節で）指摘した原因のせいで混淆して見え、また同じ原因のゆえに、恒星の見かけの大きさは恒星そのものの大きさと視角の大きさからは生じないで、恒星の周囲のあらゆる方向に毛髪状の光を見えるようにさせる過剰な光線から生じる。それゆえ、目の瞳孔よりも小さな何かある穴を通して恒星を眺めると、（第二章第四節の系三で示したような）かの髪のような光は剃られたように消失してしまうが、これが消失してしまうと、恒星はたちまち消え失せて見えなくなってしまう、ということになる。この髪のような光は望遠鏡を通して見ても剃られて消えてしまうのが常である。そういうわけで、純粋な恒星そのものはたしかに、全部足し合わされて一つの星へと組み合わさったかのように思い描かれても、月の大きさにどうにか匹敵しうる円面をなすほどの大きさでは決して見えないであろう。また、仮にそういう円面をなしたとしても、そういうことは人為的手段なしには生じず、この人為的手段によるなら月も同じように大きくされうるであろうから、この組み合わさった円面の大きさを、諸々の恒星の見かけの円面が足し合わされたものは太陽や月の円面よりも大きい、ということの論拠として挙げるべきではない。

したがって、諸々の恒星の見かけの円面の全部をいっしょにしたものは、月の見かけの円面よりも大きくはない。さらに、個々の恒星は太陽そのものと等しい強さの光を持ち、これらの星と地球との間に存在している距離を隔てて地上を照らすとしよう。これに対して月は、その光を太陽から借りるとしよう。言いかえれば、太陽はその光により、月の反射を介して、ということはつまり、太陽から月までの距離と月から地球までの距離を合わせた距離を隔てて、地上に作用するとしよう。この距離は恒星と地球の間の距離よりも比較にならないほど小さい。この理由によってもまた、恒星はそれだけの数の太陽であるとはいえ、私たちの太陽が月の反射を介して地上を照らす度合は、恒星が全部いっしょになって地上を照らす度合よりも大きいとしても、驚くには当たらないということになるだろう。

非常に多くの人々が、睡眠後の早朝の時間帯に観察したことであるが、目覚めてすぐに窓が目にとびこんでくるときには、非常に強い作用が感じられるため、太陽を見てしばらくの間太陽の残像が目にちらついたままになっている人々にも起こるように、再び目を閉じてもしばらくの間は窓の残像が消えずに残るほどである。このことの原因は次のことにある。すなわち、以前に明言したように[2]、睡眠の後では動物精気（spiritus animalis）が外のほうへと戻ってゆき、これによって網膜上での光の反発はより大きくなる、つまり感覚はより強くなるのであるが、しかるに、視覚のこの強さに応じて、思い描かれた像の残存は長くなったり短くなったりする、ということである。

（2）『物体論』第二十五章第七節を指すものと思われる。

第四章　透視図法における対象の表現について

一　透視図の本性は何に存するか

透視図法（遠近法 perspectiva）における図形の表現とは、目と対象の間に置かれたある面上において見られた、この対象上の諸々の線の、描出にほかならない。

それゆえ透視図法とは、角錐体（ここでは円錐も角錐体のうちに含める）の断面を平面上もしくは平面でない面上に描き出す技術のことである。そのように言う理由は次のとおりである。視覚において対象の稜線からやってきたすべての光線は（第二章第二節の系によれば）網膜球の中心において出会うので、それらの線全部を足し合わせたものから面が生じる。この面は、対象の稜線がすべて直線ならば角錐面であるのに対して、対象の末端がどこでも円周上にあれば円錐面であるが、しかし対象の末端がどのようになっていても、先のとがった形の面が生じることになるであろう。それを私はここで角錐面と呼ばせてもらってよいであろう。

右のことから次のことが明らかである。すなわち、もしある人が任意の対象と目との間に、表面が四角・三角・六角などの非常に多くの特殊な形へと区分された平面状の透明板を立て、目から対象へと引かれた一本一本の線が通過してゆくこの透明板の諸点を観察した――このことは、そのような区分のおかげで容易に行なわれうる――うえで、この透明板と同じような表面を持っていてやはり同じような仕方で区分された紙の上に、これらの点を丹念に書きとめ、そして対象上に見えている諸々の線に一致するように点から点へと線を引いたとすれば、この平面上に現出する対象の表現は、この対象の透視図法による画像となるであろう。言いかえれば、紙の上に転写されたこの図形は、間に置かれた何かある平面状の透明な物体を通して眺められた対象と相似になるであろう。同じことは、対象が背後から同じように鏡に写して見られている場合にも生じうる。

この種の絵画を最初に描いてみせた人は、右の技法がなかったのだから、必然的に次のどちらかのやり方をしたのでなければならない。すなわち、幾何学を学んでいて、それによって円錐や擬円錐や角錐のあらゆる種類の断面を技術に則って紙上に示すことができたか——ただしこれは非常に困難なことである——、もしくは正確度のはるかに低い描かれ方をしたものを画像中に残すことを強いられはしたが、しかし人々がまだ物の描き方に通じていないので、それをそういう人々に見とがめられずに済ますことができたか、そのどちらかである。

透視図法の諸々の規則を述べることは、この場でなすべき仕事ではない。なぜなら、明るさと暗さに関わることを除いて、任意の対象のさまざまな部分に観察されるどんなさまざまなことも、全くもって幾何学的なことだからである。この場で私が行なうのは次のことである。すなわち、透視図の画像が既に作成され、それを眺める人に平行でない複数の線を平行線の、前傾しているものを直立したものの、楕円を円の、円を楕円の代りとして示し、またその他にも対象における実際のあり方とは別のあり方を画像の中ではしている無数のものを示しているのに、それでも対象がこの画像によって非常によく描写されているのはなぜかを、説明することである。このことは、画像の何かある構造から示されなければならない。

二　無限大の長さを持つ長方形の透視図法における表現は、三角形である

それゆえ、付録図の図Ⅳ—1を考察しよう。この図において、長方形ＡＢＹＺは地平面上に置かれており、直線ＧＨによって二等分されているとしよう。そしてＧＨを好きなだけ延長してその終点をＥとし、この延長線上に、平面に対して直立した直線ＥＦを立て、目はＦにあると考えよう。さらに、Ｙ、Ｚは目から非常に遠いために、直線ＦＹ、ＦＺを引けば、この二直線にはさまれた角ＹＦＺは狭くなって消失してしまうほどである、と考えよう。こうすると、長方形ＡＢＹＺを底面とし、頂点は目Ｆにあり、側面はＡＢＦ、ＡＹＦ、ＢＦＺ、ＺＹＦという四つの三角形であるような視覚角錐が得られる。そしてこの最後の側面三角形ＺＹＦのＦにおける角は非常に小さいために、辺ＦＹ、ＦＺは感覚上はただ一本の直線とみなされうるほどである。

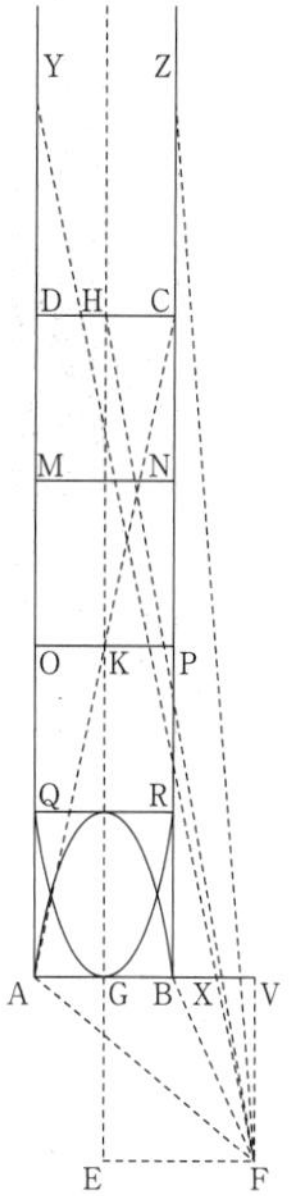

図Ⅳ—1

いま、長方形ＡＢＹＺが、それと目との間に置かれた何かある平面状の透明板を通して見られることによって表現されるべき当の対象である、と仮定しよう。そこで、そのような平面は直線ＡＢの上に垂直に立っていて、長方形をした対象から目Ｆへと向かうすべての光線と交わっている、と考えよう。そうすると、ＡＢ上に直立した平面上に生じる断面は、ＡＢを底辺とし、高さが直線ＥＦの、すなわちＧＶの長さに等しい三角形となるであろう。

なぜなら、二直線ＦＹ、ＦＺは、角の小ささのゆえに一本の直線とみなされるので、両方とも頂点Ｖを通

過するであろうし、ＦＶは直線ＹＺの仮定された距離のゆえに、感覚上は地平線に平行になるだろうからである。

いま、（図Ⅳ—2におけるように）上述の断面のなしている三角形を、すなわちＡＢＦを、その辺ＡＢの長さが図Ⅳ—1のＡＢの長さに等しく、かつ高さＦＧが同図の高さＥＦに、すなわちＧＶに等しくなるように作図しよう。この三角形は、上述の無限に長い長方形ＡＢＹＺの透視図法による画像である。同様に、何かある任意の三角形も、何かある無限に長い長方形の〔透視図法による〕画像である。同じくまた、（図Ⅳ—3において）二つの対頂三角形ＡＢＦ、ＦＤＣは、何かある歩廊の床と天井のような、互いに平行な二つの長方形の〔透視図法による〕画像である。また、ＡとＤ、ＢとＣを直線で結べば、長方形ＡＢＣＤの全体は、向かい合った辺同士が互いに平

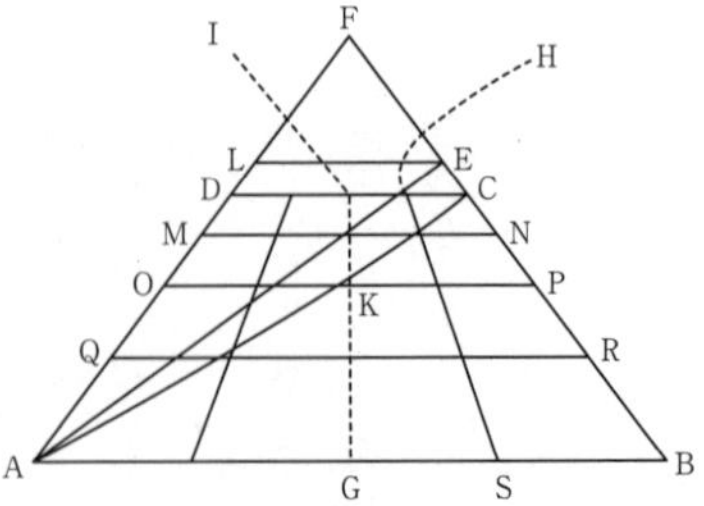

図Ⅳ—2

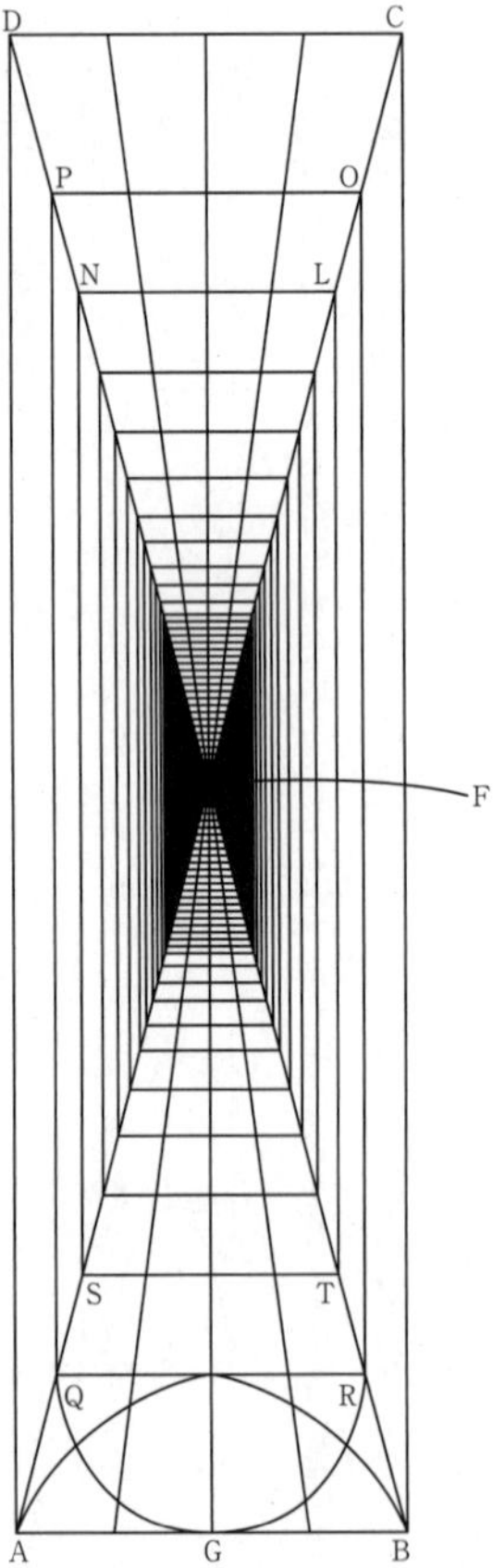

図Ⅳ—3

行対峙している六つの長方形の[1]〔透視図法による〕画像である。かくて、何かある任意の長方形を二本の対角線によって四つの部分に区分したものは、何かある中空の平行六面体の透視図法による画像である。

三　無限に長い長方形が三角形によって表わされるのは、対象が画像に類似しているからではなくて、三角形が無限に長い長方形の見かけと類似しているからである

ところで、平面上に描かれた三角形は、他に工夫がないと、諸々の線が引かれてもこの種の無限に長い長方形の像を模倣することは決してないし、また三角形を眺める者が「自分は長方形を見ている」と思うことはごく稀にしか起こらず、わざわざ大きな労力を払って思い出し、以前見た何かある非常に長い歩廊の類似から思い描かれた観念を、心のうちに存続させている人々にのみ起こることである。それゆえ、透視図法による画像が対象を表わすのは、対象の実際の形に対するこの画像の類似性によってではなくて、第三章第四節の図〔図Ⅲ―2〕にある三角形、すなわちFKG――この三角形の頂点Kは始源点とも地平点とも呼ばれる点であるが、〔図Ⅳ―2の〕三角形AFBの頂点Fに対応し、また前図の三角形FKGにおける底辺FGは後図の三角形AFBにおける底辺ABに対応している――と、透視図法による画像が類似性を有することによってである、というのが私たちの意図に最もかなっているという結論になる。そしてこのことから次のこ

（1）上・下・左・右・手前・奥（これは画像中では図Ⅳ-3の長方形ABCDの中心点Fとして現出する）の六つである。

とが生じる。すなわち、私たちがどんな三角形であれ三角形を見て、以前見た何かある非常に長い歩廊が同じ見え方で現出したのを思い出している間、記憶の中にある観念は存続していて、見られている画像から生じ、心の中に喚起されているというよりはむしろ保持されている観念と、混然として一つになっている、ということである。互いに似ている複数のものの観念は、それらが似ているかぎり、ただ一つの観念である。それは、私たちが一日中同じものを眺めているときには、常にこのものの同一の像を持っているのと同様である。しかし、諸事物の外見をそれらの実際の形状と比較することに慣れている人々の内部に、単なる三角形の注視によって歩廊の観念が引き起こされることは、たとえば画家の場合には、困難なことではない。画家の心は絶えずこういう仕方で諸対象を飛び巡っているからである。

四　台形はどのようにして有限な長さの長方形の外観を表わすか

ところで、長さの有限な長方形、すなわち、その一辺が目から非常に遠くにあるけれども、しかし視角が完全に消失してしまうほど遠いわけではないような長方形――図Ⅳ―1の中の長方形ＡＢＣＤはそのようなものであると仮定する――を、〔透視図法による〕画像の中で表わしたいと思うならば、他のことは変えずに、ＣＤを点Ｈで二等分し、また線分ＦＨを引いて、これがＧＢの延長線と交わる点をＸとしよう。次に図Ⅳ―2において、図Ⅳ―1のＧＸの長さに等しい高さＧＩ(2)をとり、底辺ＡＢに平行な線分ＤＩＣを引けば、台形ＡＢＣＤは、図Ⅳ―1の有限な長方形ないし歩廊ＡＢＣＤの透視図法による画像とみなされる。しかし、この画像が長方形ないし歩廊の観念を喚起することは、やり慣れている人々にとってでなければ容易ではない。このことは、先に三角形について言われたことである。

それゆえ、眺める人の想像力がそのような台形によってもっと強く喚起されるためには、この台形を底辺に平行な諸線によって、対象が目からますます遠ざかるにつれて見かけ上は小さくなってゆくのと同じ比率で小さくなってゆく諸部分へと、分割しなければならない。これはこういう仕方で普通に行なわれ、しかもそれで正しいのが常であるようなことである。（図Ⅳ―2の）直線DCは図Ⅳ―1においてDCに置かれている対象を表わすから、（図Ⅳ―2の）台形の対角線ACを引けば、この対角線は図Ⅳ―1の対角線ACを表わすであろう。次に、（図Ⅳ―2の）ABを任意の数の部分へと等分、たとえば四等分して、そのうちの二つの部分をGS、SBとし、またDCもABと同数の部分へと等分して、そのうちの二つの部分をIH、HCとし、区画の末端同士を直線で結べば、これらの直線は対角線ACと交わるであろう。さらに、これらの交点を通って底辺と平行な諸直線QR、OP、MNを引こう。そうすると、台形AQRB、QOPR、OMNPはそれぞれ（図Ⅳ―1の）長方形AQRB、QOPR、OMNPを表わし、最後に台形MDCNは長方形MDCNを表わすであろう。なぜなら、（図Ⅳ―1の）ACがMNを三対一の長さの比を持つ二つの部分へと切り分けるように、（図Ⅳ―2の）ACはMNを、同じ図Ⅳ―2の中で三対一の比に切り分け、その他についても

（2）図Ⅳ―1と、その遠近法による画像である図Ⅳ―2において、同一の記号で表示される点は原則的に対応しているが、HとFの二つは両図で対応しない別の点を表示し、図Ⅳ―1においてHで表示される点に対応する点が図Ⅳ―2ではIで表示されていることに、注意が必要である。

も同様に、両図の対応する横断線を対角線によって切り分けた部分と部分の長さの比は両図で同じになるからである。さらに、〔図Ⅳ―2において〕頂点Fの方へ向かって同じ距離の比率で分割を続けたい人がいるとすれば、彼は次のようにするであろう。AとHを直線で結び、AHをBFまで延長して、この両線のぶつかる点をEとし、底辺ABに平行で、かつAFとLで交わる線分ELを引こう。そうすると、台形ELDCはさらに向こうの長方形、すなわち、目に最も近い辺が〔図Ⅳ―1の〕DC[3]で、これと長さの異なるもう一つの辺が〔図Ⅳ―1の〕ほかならぬMDと、つまりNCと同じ長さであるような長方形の、表現となるであろう。そしてこういう仕方で頂点Fの方へ向かって画像を続けたいだけ続けることができるが、しかしそれを完結することは不可能である。なぜなら頂点Fは、どれほど遠いか知られないほど遠方に置かれている線を表わしているからである。さて、右に述べたようなこの台形、すなわち、対象の諸部分の目からの距離の比に従って直線QR、OP、MN、DCによって、またお望みならさらにそれ以上の底辺に平行な諸直線によって区分されたこの台形は、区分されていない台形よりも強く、それが表わしている歩廊の記憶を喚起する。なぜなら、これらの平行線は、目からの対象の遠さによって生じる対象の見かけの縮小に似た、それらの連続的縮小によって、自らの観念がこの線と混然として一体化しているその対象の、縮小を思い出させるからである。

五　対角線によって四つの三角形へと区分された長方形の、その四つの三角形が、同時に四つの長方形の記憶を喚起する度合は、一つの三角形が一つの長方形の記憶を喚起する度合よりもまさっている

さらに、区分が右と同様の仕方で、ただし図Ⅳ―3で行なわれたように、長方形の中心点を共通の頂点とする四つの三角形の下で実施されるならば、平行六面体の内側の四つの平面、すなわち何かある建築物の床と天井および向い合った二つの壁面の表わされ方は、床・天井もしくは両壁面がそれぞれ単独で表わされる場合よりも完全であろう。

さらに、この四つの三角形は、それらのうちの任意の一つについて〔前節で図Ⅳ―2により〕説明済みの区分によって区分されるであろう。なぜなら、図Ⅳ―3におけるように、三角形AFBを直線QR、ST等々によって、既に述べたような比率で区分し、AとD、BとCを直線で結び、また点Q、R、S、Tから辺ADに、つまり辺BCに平行な線分QP、SN、RO、TL等々を引き、最後にPとO、NとL等を直線で結べば、三角形AFD、DFC、CFBはAFBそのものと同じ比率で区分されたことになるだろうからである。そして、長方形ABCDが何かある歩廊の記憶を喚起する度合は、複数の平面を区分している諸々の線が対角線上で結合したもののほうが、それらの平面のうちの一つだけを区分している諸々の線よりも、対象の諸部分の後退を模倣する効果が大きい分だけ、まさっているであろう。なぜなら、この四つの平面は、右の長方形が歩廊を表わすことを口をそろえて証言する四人の証人のようなものだからである。

（3）　底本原文ではLDとなっているが、これは誤りと思われるので訳文では訂正した。

六　目により近いものが、より遠いものよりも明瞭に描写され、その明瞭度はこれらのものを表わしている三角形の底辺の長さに比例するようにするならば、表現の効果はなおいっそう増すであろう

さらに、もし諸々の区分線がいくらかの幅を持ち、これが絶えず減小してゆくとすれば、たとえば〔図Ⅳ―3において〕線分ABの幅が他の区分線の幅よりも広く、その結果万人の目に最も強く作用し、これに次ぐのがQRの幅、さらにその次がSTの幅で、以下同様、というようになっていて、その結果、作用の強さはQR、ST等々の線そのものの長さが減小するのと同じ比率で減小してゆくとすれば、対象の表現はかなりの度合でなおいっそう効果的になるであろう。

七　また、生気のある陰影やその他の周辺物が同じ比率で対象に書き添えられることによっても、表現は強化される

さらに、陰影や人物やその他の周辺物が同じ比率で〔図Ⅳ―4におけるように〕書き添えられれば、それによってもまた表現は、いわば証人の数が増えることによって、多少とも強化されるであろう。

八　透視図法による画像は、何かある小さな穴を通して見られると、そのことによってそれだけいっそう効果的に事物を表現する

最後に、小さな穴や覗き眼鏡を通して片目だけで〔透視図法による〕画像を見ると、表現ははるかにいっそう完全になるであろう。なぜなら、この場合には視野が画像の外へ及ばないからである。画像の外では見え

るものは何であれ同一平面上にあるように見え、そのせいで画像のすべての部分もそのように見えるから、画像の外にあるものとの比較は、比例や色彩や陰影がそれらの模倣している後退を本物らしく思わせるのと同じほどに、画像をその表わしている当の諸事物らしく見えないようにしてしまうのである。

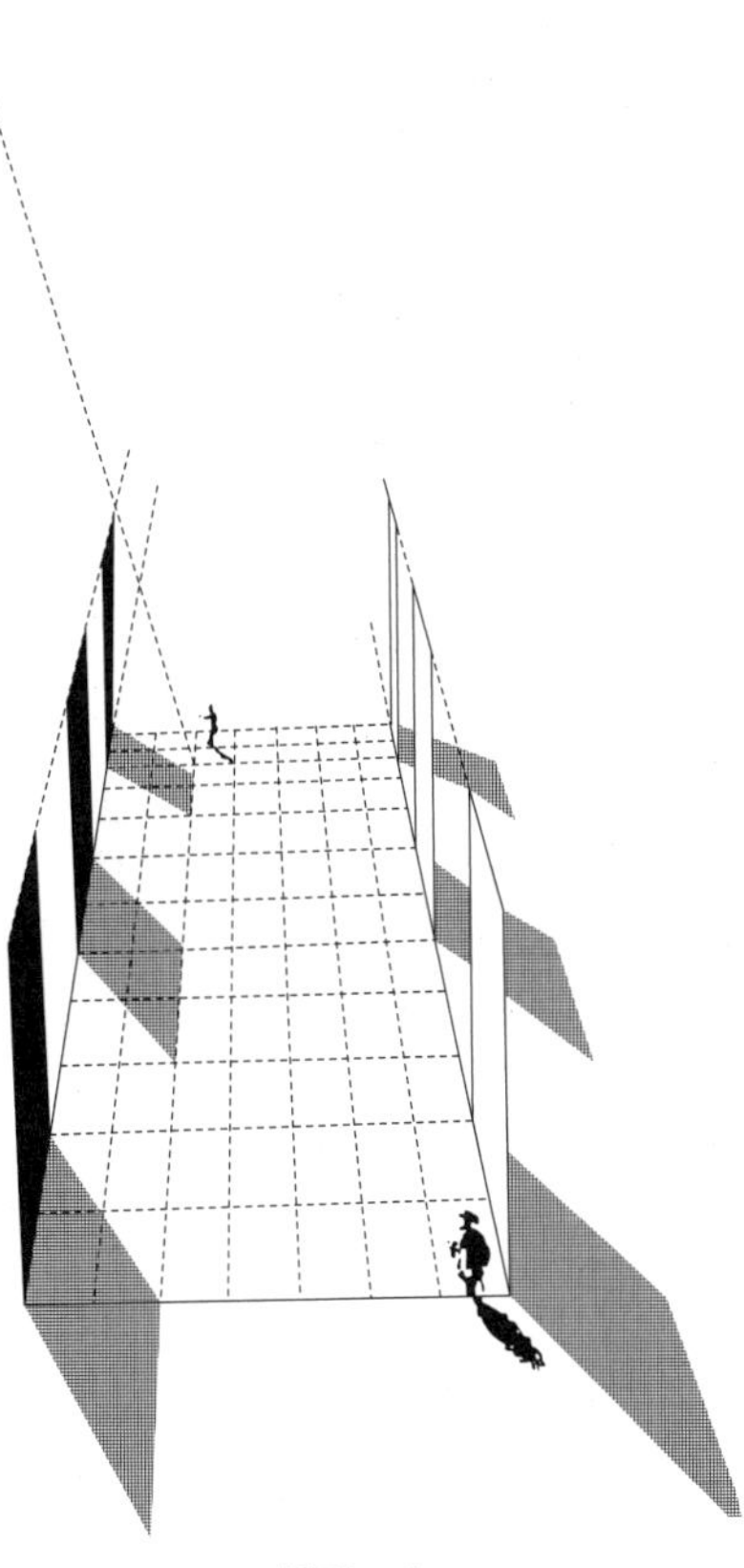

図Ⅳ—4

九　透視図法において円は、ただ一つの位置にある場合を除き、楕円に見えること

地平面上にある対象の形が円形で、それを地平面に直立した平面状の透明板を通して見なければならないとすると、この直立した平面上にできる断面、すなわち対象の透視図法による画像は、楕円か円かのいずれかになるであろう。目があるただ一つの点に置かれている場合だけは円であるが、その他の点にあるときは

楕円であろう。

（図Ⅳ―5で）地平面上にある対象の形は円であるとしよう。そしてこの円の直径はＡＢであるとしよう。さらに、目のある点をＣとし、Ｃは円周上のすべての点からの光線がＣに到達できさえすれば、どこにあってもよいものとしよう。またＢＤは地平面に対して直立していて、ＢでＡＢと交わり、点ＤでＡＣと交わるとしよう。目の地平面に対する垂直高をＥＣとしよう。そうするとＢＤは、目と対象との間に置かれていて地平面に対して直角をなして立っている平面状の透明板ないし透視図法による画像と、Ｃを頂点として円ＡＢを底面とする円錐との、共通断面であろう。さらに、三角形ＡＢＣはこの円錐を軸に沿って切断した断面であろう。

いま、三角形ＡＢＣ、ＢＤＣを考えれば、この二つの三角形が相似の場合――このことが生じうるのは、直線ＥＣの延長線上のただ一点においてだけである――には、三角形ＡＢＣ、ＢＤＣの底辺ＡＢ、ＢＤは小相対の（subcontrarius）(4) 位置を持つ。それゆえ、（パリのミドルジュ(5)の『諸錐体の原理』の第一巻定理三によれば）円周から目へと引かれたすべての線を合わせてできる円錐の表面上で平面ＢＤによって行なわれる切断の断面は円であろう。しかし三角形ＡＢＣ、ＢＤＣが相似でない場合には、（同じミドルジュの『諸錐体の原理』の第一巻定理六によれば）この断面は楕円であろう。それゆえ、〔地平面上にある〕対象の形が〔円形で〕、等々(6)。証明終り。

反対に、地平面上に描かれた楕円は、直立した透明板を通して見られると、あるただ一つの位置に目がある場合にだけ円に見える、ということが至極容易にわかる。

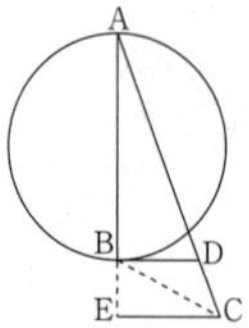

図Ⅳ―5

十　放物形は、その頂点のほうが底辺よりも目から遠い場合、双曲形のように現出する

地平面上に置かれた対象の形が放物形で、それを透明板を通して見なければならず、さらにこの板が放物形の底辺上かもしくはそれよりも手前で地平面上に直立しているとすると、断面すなわち透明板上に現出する図形は、双曲形となるであろう。

（図Ⅳ―6において）放物形ＡＢＣは地平面上に描かれているとし、その頂点はＡ、底辺はＢＣであるとしよう。また目はＥに位置しているとしよう。ＢＣ上には透明な平面ないし板が垂直に立てられており、この板に、ＦＤを通り直線ＡＤＦに沿って直立した平面が交わっていると考えよう。そしてこの二つの平面の共

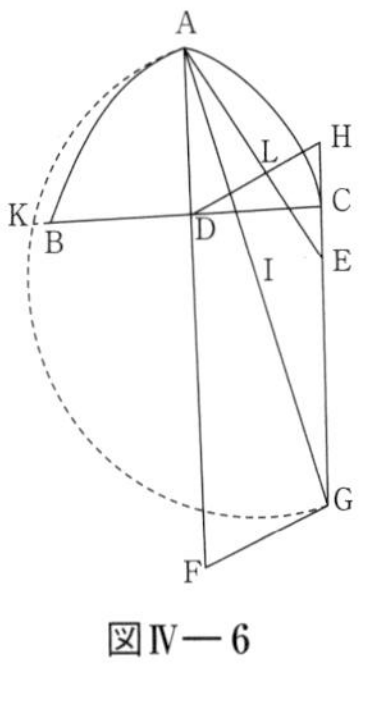

図Ⅳ―6

（4）　subcontrarius は、通常は論理学において、質を異にする特称命題同士（たとえば、「ある人は学識がある」と「ある人は学識がない」）の関係、すなわち両方とも偽であるということはありえないが、両方とも真であるということはありうる、という関係を意味し、ホッブズ自身も『物体論』第三章第十七節でそのように定義しているが、ここでは互いに相似の図形の、長さは異なるが対応し合っている辺同士の図形内での位置関係のことを指しているので、論理学における通常の訳語である「小反対」に代えて、「小相対」を訳語として用いた。

（5）　フランスの数学者（一五八五〜一六四七）。アミアン納税区の会計官を務め、デカルトの友人であった。アポロニオスの『円錐曲線論』における円錐断面に関する証明を簡易化したことで知られる。

（6）　第三章訳註（1）参照。

有する交差線をDHとしよう。このことから、直線GHは全体が空中にあって、地平面上にある直線ADFに対して鉛直上にかぶさっていることがわかるであろう。また線分AEを引き、これに等しい長さの線分EGをとり、また線分AGを引いて、これを二等分する点をIとしよう。その場合、Iを中心とし、IAを半径として円AKGを描けば、この円の周上の点のうちAは地平面上にあるが、点Gやその他の点はすべて空中にあるであろう。以上のように作図すれば、AEGは地平面上に直立した三角形であり、AE、EGはその側辺であろう。しかしこの当の三角形は、空中のE点すなわち目のあるところを頂点とし、さらに円AKGを底面とする視覚円錐を、その軸に沿って分割するであろうし、また放物形の軸ADは、三角形AEGの平面上に、辺EGに平行な線として現出するであろう。最後に、放物形の全体は右の円錐の表面上に現出するであろう。いま、平面DFGHは、〔この円錐の〕軸を通る三角形の一辺AEとLで交わるのに対して、他の一辺の、すなわちGEの延長線とはHで交わり、また交差軸DLは、BC上に直立した透明板の平面に含まれており、最後に断面全体は、この同じ透明板上にある。しかるにその断面は、ミドルジュの『諸錐体の原理』の第一巻に述べられた定義により、双曲形である。それゆえ、地平面上に位置する対象の形が放物形だとすれば、その底辺に直立した透明板を通してそれを見ると双曲形として現出するであろう。証明終り。

(7)

十一　反対の位置から見ると、〔放物形は〕楕円として現出する

しかるに、もし放物形が逆向きになり、頂点が目と底辺の間にあるようになっていて、また透明板が頂点の真上か頂点よりもこちら側に直立しているとすれば、この板上にできる断面は楕円になるであろう。

（図Ⅳ―7において）三角形ABCは何かある円錐の軸に沿った断面であり、その頂点はA、底辺はBCであるとしよう。そしてこの断面は、辺ACに平行な直線EFに沿って、ある平面によって切断されているとしよう。そうすると、生じた断面は、Eを頂点としEFを軸とする放物形であろう。しかるに、軸EFもこの放物形自体も同様に、地平面に含まれていると仮定しよう。いま、目Aと放物形の頂点との間か、もしくは頂点そのものの真上に、垂線GHが直立している、つまり三角形の両辺と何らかの仕方で、たとえばIとHで、交わっているとしよう。そうすると、透明板と三角形の共有する交差線は、この三角形の両辺を横切るであろう。それゆえ、IHは（ミドルジュの『諸錐体の原理』の第一巻定理六により）目Aを頂点とし円BCを底面とする円錐の表面に描かれた楕円の軸となるであろう。それゆえ、Aに位置する目にとっては、放物形EFは透明板GH上に楕円として見えるであろう。同様の理由で、透視された楕円はたしかに楕円として現出するが、ただし形の異なる、別の長軸・短軸比を持つ楕円として現出する、ということを示すことができる。また、透視された双曲形は他の形の双曲形として現出することも示すことができる。

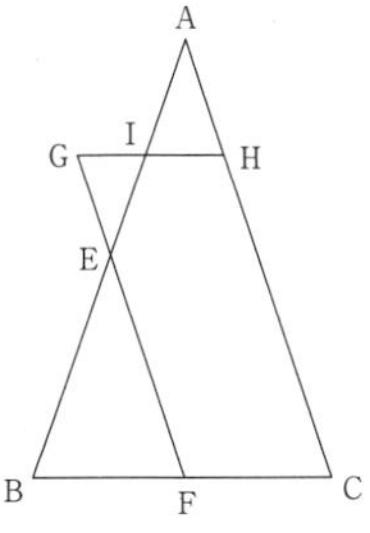

図Ⅳ―7

透視図法による画像を見て本物と見紛う人は、描かれたものを本来の意味で見ているのではなく、実物を

（7）底本原文ではFGとなっているが、誤りと思われるので訳文では訂正した。

思い起こしている(8)

そして透視図法については、以上のことを述べたことで十分である。なぜなら、私が幾何学によって探究しようと企てたのは、透明体の透視から視覚に起こる諸々の錯覚の一般的な釈明を行なうのに必要な点までだからである。この錯覚は次のことに基づいている。すなわち、画像中に平面として描かれているものが平面でなく見え、画像中では長くないものが長く、前傾しているものが直立して見えるほど注意深く、透視図法による画像を眺める人々は、本来的に言えば、画像そのものを見たり感覚したりしているのではなく、描き手の模倣している事物そのものを、見えるものに先立って思い起こしている、ということである。☆

透視図法の判定者はどういう人か(9)

ちなみに、右のことから次のこともまた理解することができる。すなわち、多くの経験からたくさんの事物について、観察され比較された自然な見え方を、記憶によって保持しており、そのうえしっかりした想像力を持っていて、造形されたものを眺めている間、かつて見た事物の観念が心から消え失せないような人でなければ、ものが見えることのあらゆる理を見通した哲学者も含めて誰ひとり、透視図法による画像の判定者ではありえない、ということである。

十二　対象の諸点を通過する視覚線が、対象の向こう側にある平面上に表示する画像は、透視図法の逆である

これまで述べてきたのとは別の種類の透視図法がある。それは逆透視図法と言われてきた種類の透視図法であって、この方法の場合、対象自体は元のままのあるものとして現出するが、ある決まった点に位置している目にとって以外は形が歪んで現出するのに対して、この点においては描き手の現出してほしいと思うとおりのものが見える。このことは次のような仕方で行なうことができる。目からどんな距離にあってもよいから、何かある平面の近くに、絵の描かれた板が立てられていると考えよう。この板の各小部分を通過し、この壁ないし平面の諸点まで延長されていってそこで止まるすべての視覚線を考え、そしてこれらの視覚線が、それぞれの通過した板の小部分を、この平面の諸点に描き出すとしよう。絵の描かれている板は透明ではないので、このことは感覚によって行なわれることはできないが、幾何学的推論によれば可能である。それゆえ、専門画家なら誰でもみなこのことをやれるというわけにはいかず、幾何学者の助力を必要とする。しかしこれが行なわれた場合、右に述べたその場所に位置した目には、すべてがあたかも一枚の板の平面上

(8)　底本において、この見出しと次段の見出しは、本章冒頭に掲げられた節目次では、第十一節冒頭の見出しとともに同節の見出しとして三つまとめて掲げられているが、本文中では別々に切り離されてそれぞれの箇所に傍記されている。

(9)　底本ではこの見出しは段落の途中に傍記されているが、本訳書ではここでいったん段落を区切って見出しを挿入した。

にあるかのように現出する。ミニモ会修道院のニスロン神父[10]は、このことの例をパリの人々に示した。

(10)　ミニモ会はカトリックの托鉢修道会の一つで十五世紀に創立、ニスロン (Jean-François Niceron 一六一三～四六) は同会所属の修道士で、同じくミニモ会士であったメルセンヌ (一五八八～一六四八) の影響を受けて数学・物理学を研究、とりわけ光学の分野の研究にすぐれた。

第五章　平面鏡および球状凸面鏡における、映された対象の見かけの場所について

一　透明でない平面鏡によって映された対象の見かけの場所、すなわちその像の場所

磨かれているが透明ではない平面鏡上に現出する対象の大きさと距離は、じかに見られた場合の光線の長さが、鏡に映して見られた場合の二つの光線の両方を合わせた長さに等しい場合には、じかに見られた場合の大きさ・距離と同じである。この二つの光線とはすなわち、入射光線と呼ばれる対象から鏡への光線と、反射光線と呼ばれる鏡から目への光線とである。

（図Ⅴ―1において）対象はＡＢであり、目はＣにあるとしよう。そうすると、直線ＣＡ、ＣＢを引けば、じかに見られた場合には対象はＣＡとＣＢの間のどこかに現出するであろう。そしてこの現出する場所は目に対して、（第三章第三節により）対象ＡＢそのものよりも近いであろう。それゆえ、その現出する場所をＤＥとしよう。いま、目と対象との間に平面鏡を置こう。そしてこの平面鏡をＦＧとし、ＦＧがＣＡ、ＣＢと交わる点をそれぞれＨおよびＩとしよう。またＦＧに対して垂線ＢＬ、ＡＫを引き、ＬＩＧ、ＫＨＧの両角がＦＩＣ、ＦＨＣの両角に、ということはつまりＦＩＣ、ＦＨＣの対頂角ＧＩＢ、ＧＨＡにそれぞれ等しくなるようにすれば、

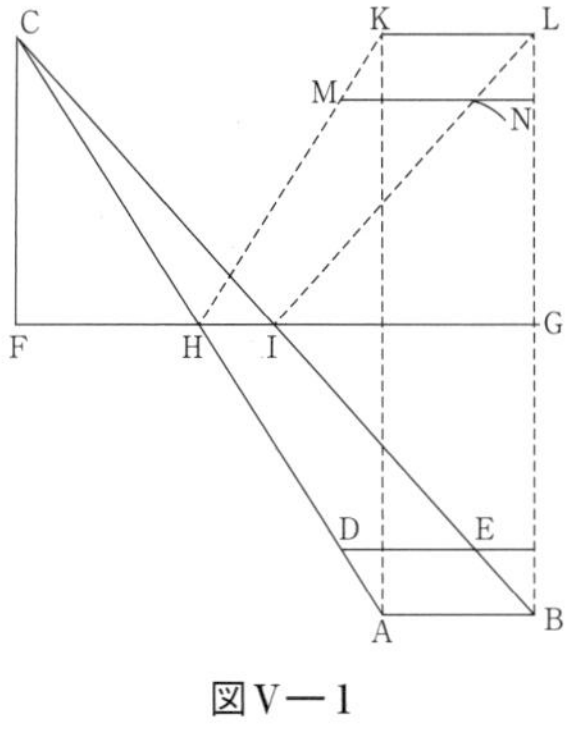

図Ⅴ―1

GL、ILの両直線の長さはGB、IBの両直線の長さにそれぞれ等しくなるであろうし、また直線KH、HAの長さも互いに等しくなるであろう。直線HDに長さの等しい直線HMをHK上に、また直線IEに長さの等しい直線INをIL上にとろう。そうすると、CH、HMを合わせた長さは一本の直線CDに等しくなり、同様にCI、INを合わせた長さは一本の直線CEに等しくなるであろう。しかるに、CD、CEはじかに見られた場合の対象からの視覚光線であり、CHM、CINは同じ対象をKL上に移して鏡に映して見た場合の、この対象からの光線である。またCに対する視角は、どちらの光線にとっても同じである。そしてHとIからMとNに向かって生じる光線の力は、同じH、IからD、Eに向かって進む光線の力と同じである。しかるに、対象はじかに見られた場合、DEに現出していた。したがってこの対象は、これをKLに移して鏡に映して見ると、直線CH、CIの延長線上の同じ距離のところに、HD、IEがそれぞれHM、INに等しい長さになるように、ということはつまりDEに、現出するであろう。それゆえ、平面鏡に映して見た対象の見かけの大きさと距離は、じかに見た場合と同じである。証明終り。

系一　右のことから、鏡に映った像の場所は、鏡を取り除いて、対象を鏡のあった場所の向こう側へちょうど同じ距離だけ移したうえでじかに見た場合の場所と、同じであることが明らかである。

系二　同様に次のことも明らかである。すなわち、これまで光学について著述してきた人々は、鏡に映して見られたどのような点の像の場所も、対象から鏡の位置している面へと引かれた垂線上にあるということを、平面鏡の場合だけでなく凸面鏡や凹面鏡の場合にもまた、単に主張するのみならず、公理として、また自説の根拠として定立してきたが、彼らはみな欺かれているということである。このようなことは図Ⅴ―1そのものから、平面鏡に関しては光線の鏡面に対する入射角が直角である場合以外は、明らかに偽であることがわかる。万一そのようなことが真であったなら、あらゆる対象はその実際の大きさどおりに現出することになり、鏡がなければ半フィートほどの大きさで現出する太陽が、鏡に映ると地球の実物大よりも百倍以上も大きく現出することになったであろう。

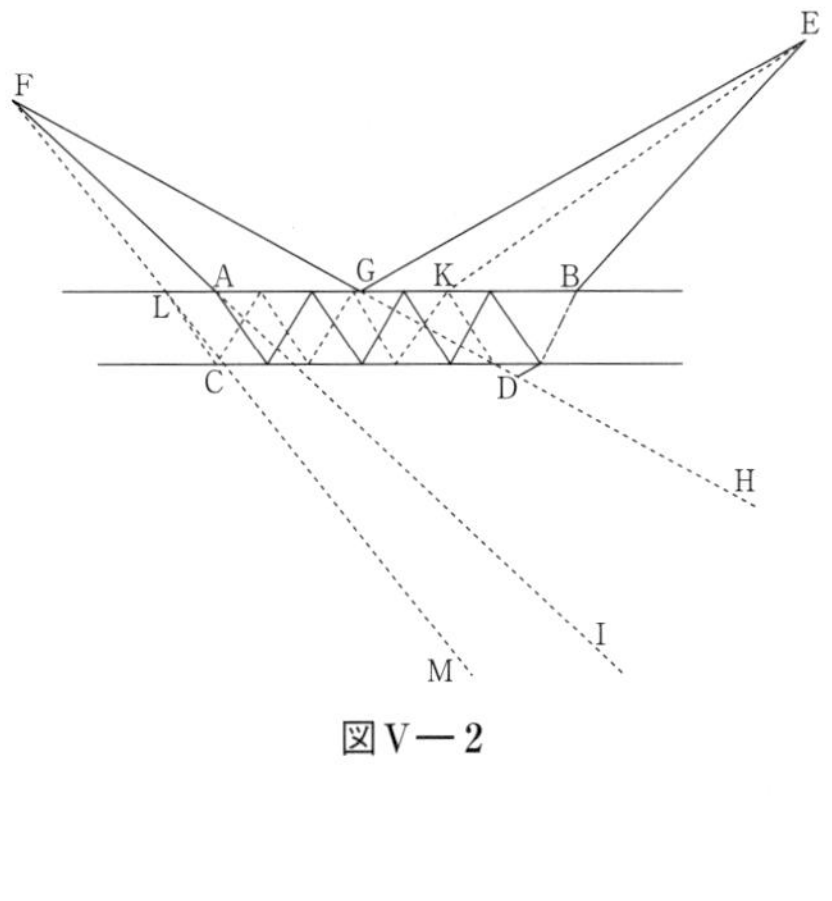

図Ⅴ―2

二　透明な平面鏡には同一の対象の像が複数生じること

よく磨いた鋼（はがね）でできている鏡のような透明でない鏡について今しがた示されたことは、透明な鏡に関してもまた真である。ただし、透明でない鏡の場合は一つの対象の像は一つだけであるが、透明な鏡の場合は複数の像が存在しうる。

理由は次のとおりである。（図Ⅴ―2において）鏡ＡＢＣＤは透明で、対象はＥに、目はＦにあるとすれば、光線ＥＢは複数回の屈折と反射を経てＡに達し、そこからＦにある目に達するであろう。そして対象は直線ＦＡＩ上に見えるであろう。同様に、光線ＥＫも複数回の屈折と反射を経てＬに達し、そこから目Ｆに達するであろうし、Ｅは直線ＦＬＭ上に見えるであろう。同様に、光線ＥＧはただ一回の反射を経てＦに達するであろうし、Eは直線FGH上に現出するであろう。

三　五つの定義

（1）〔凸面〕鏡の中心とは、鏡の凸面をその球面の一部とする球の中心のことである。

（2）対象上の点の垂線とは、どの点のそれも、この点から鏡の中心を通るように引かれた直線のことである。

（3）目の垂線とは、目から鏡の中心を通るように引かれた直線のことである。

（4）〔凸面〕鏡の頂点とは、目の垂線がそこに入射する鏡面上の点のことである。

（5）（平面上に凸面を描くことはできないので）紙の上に円を描いて〔凸面〕鏡の代りとすれば、この円は、この紙の平面と、鏡の面をその球面に含んでいるとみなされる球との共有する交差断面であり、この平面は次の四つの点を通る。（一）鏡の中心。（二）対象上の考察される一点。（三）網膜球の中心。（四）反射点。

対象のどの点が、凸面鏡からも、また目のどのような位置からも、どのような距離に位置しているとしても、この点の視覚線はこの点の垂線と、次のような仕方で交わるであろう。すなわち、この視覚線自身の、右に言った垂線と鏡の面とによって切り取られた部分の長さが、この垂線の、この視覚線との交点から鏡の中心までの残りの長さよりも、短くなるようにである。

（図V—3において）対象の点はA、鏡の中心はB、対象の垂線はACであり、目はDにあって、Aから入射する光線はAEであるとしよう。またAEの入射角と等しい反射角による反射線は視覚線と同一であるが、これをDEとしよう。さらに、DEをABと出会うまで延長し、この出会う点をFとしよう。私が言うのは、EFはBFよりも短い、ということである。

　線分BEを引き、これをどれだけでもよいから延長し、その終点をGとしよう。また、線分EHは直線ABに平行になるようにしよう。いま、角GEAは反射のゆえに角GEDに、ということはつまり角FEBに等しい。さらに、角EBFは〔EHとABの〕平行のゆえに角GEHに等しい。しかるに、角FEBは、ということはつまり角GEAは、角GEHよりも大きい。それゆえ、角FEBは角EBFよりも大きく、したがって辺BFは辺FEよりも長い。それゆえ、視覚線は既述のような仕方で、対象の点の垂線と交わる。証明終り。☆

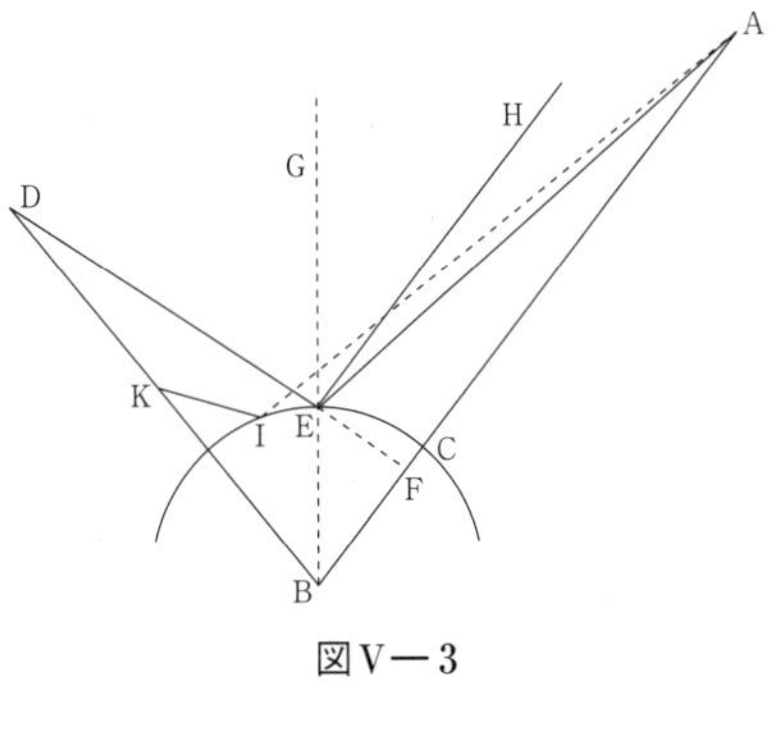

図V—3

　同様に、反射角が大きくなるにつれて、〔凸面鏡の鏡面をその球面の一部とする〕球の内部に切り取られた垂線の部分、ということはつまりこの球の半径を、視覚線が分割するその両部分の互いの長さの不等性は、ますます大きくなる。なぜなら、IKを反射線とするAIを、Iにおけるこの反射の反射角よりもEにおける〔AE→EDの〕反射のそれのほうが大きくなるように引けば、KIの延長線がCBと交わる点の中心Bからの距離は、点Fの中心Bからの距離よりも長くなるであろうから。

四　凸面鏡の場合の始原点、すなわち視角が消失する点は、目の垂線に含まれている鏡の半径を二等分する

　どんな対象でも、鏡の球状凸面に映して見たときに、その視角が消失する点は、この球の半径すなわち〔凸面〕鏡の半径を二等分する。（図Ｖ—４において）凸面鏡はＡＢＣで、その中心はＤであるとしよう。また対象はＥＦで、この対象上に点Ｅ、Ｈ、Ｉ、Ｋがあるとしよう。Ｄを中心として、ＤＡ、ＤＢ、ＤＣやその間に存する他のすべての半径を二等分する弧ＬＭを引こう。いま、点Ｆから光線ＦＮを引いて、反射光ＮＧが半径ＤＢの延長線にどこかで、たとえば目の位置する点Ｇで出会うようにしよう。そして、ＧＮの延長線が点Ｆの垂線と交わる点をＯとしよう。そうすると、（第三節[1]により）ＤＯはＮＯよりも長く、ＯＣよりもはるかに長いであろう。同様に、点Ｅから入射光ＥＱとその反射光ＧＱが出ているとして、ＧＱをＰへと延長しよう。そうすると、ＤＰはＰＱよりも長く、ＰＡよりもはるかに長いであろう。さらに、対象ＥＦが現出するさいの視角はＱＧＮとなるであろう。

　他方、対象上に他の点Ｋをとり、そこから引かれた光線ＫＳが同じくＧへと反射するものとし、またＧＳの延長線が垂線ＫＤと出会う点をＴとしよう。また同様に、点Ｈからの光線ＨＶ

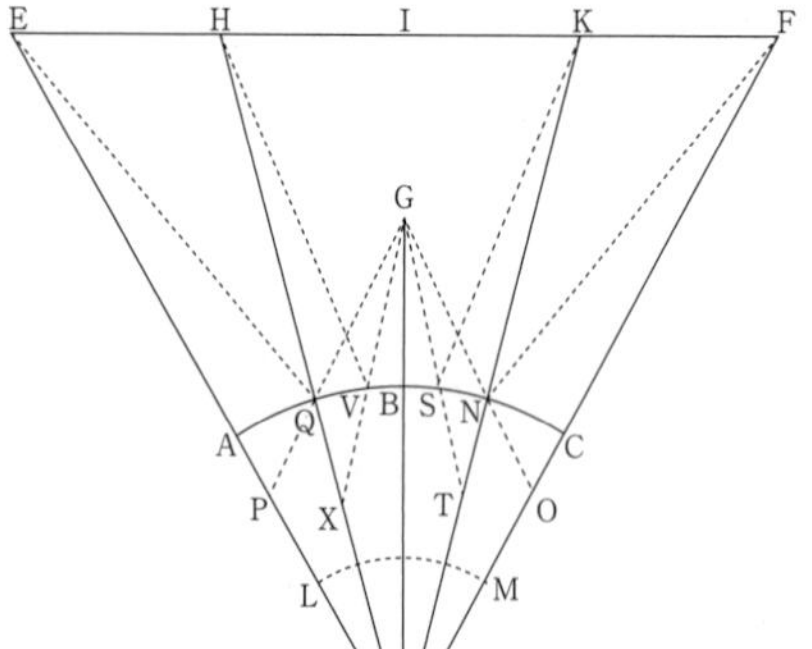

図Ｖ—４

もGへと反射するとして、GVを垂線HDと出会うまで延長し、この出会う点をXとしよう。そうすると、DTもまたTNより長くなるであろうが、DOよりは短いであろう。またDXはXQよりも長く、DPよりは短いであろう。さらに、視角VGSは視角QGNよりも小さくなるであろう。同様にして、KとHの間に他の二つの点をとり、そこからの光線が反射を経てGで目に達するとすれば、視角はさらに小さくなり、また視覚線によって切り分けられる半径の両部分の長さの不等性の度合は減じるであろう。しかし、視角がどんなに小さくなっても、（第三節により）[2] DAとDCを二等分する円周LMに視覚線が達することはないであろう。いま、EとFの上に二本の無限な平行線が直立していると考えよう。この二本の平行線はそれぞれ、直線VH、SKの延長線と交わるであろう。点E、Fがこの交点のところまで遠ざかったと考えよう。そうすると、EとFから鏡に入射する光線は、それぞれHVおよびKS[3]と同じになり、また視角はVGSと同じになるであろう。それゆえ、E、Fが遠ざかることによって視角は常に小さくなってゆくが、その小さくなってゆく仕方は、先ほど大きいほうの対象EFの代りに小さいほうに対象HKをとったときに、対象が小

(1)・(2) ともに底本原文では「第四節」となっているが、これらの箇所自体が第四節の中にあり、かつそれぞれの後続の記述を根拠づける記述は直前の第三節の中に見られるので、訳文中では訂正した。ただし、第三節の五つの定義の後に続く三段落の記述は、定義とは別の、本来一つの独立な節とみなされてよい内容の記述であり、これを第四節として本節と次節をそれぞれ第五節・第六節とするほうが自然であるし、ことによるとそうする意図が著者にあったかもしれず、それがこの（ ）内の節番号が四となっていることに関連しているのかもしれない。

(3) 底本原文ではKNとなっているが、誤りと思われるので訳文では訂正した。

さくなったことによって視角が小さくなった仕方と同じである。したがって、対象がどれほど遠ざかっても、それによる視角の縮小は、視覚線の延長線が鏡面球の内部で円周ＬＭと交わったり接したりするほどになることは決してないが、しかし視角がいくらかでもあるかぎりは常に、この線はますます円周ＬＭに近づいてゆくであろう。それゆえ、対象が限りなく遠ざかれば、それによって鏡の頂点と鏡の中心との真ん中の距離のところで視角は消滅する。証明終り。

五　球状凸面鏡に映った対象の見かけの場所はどのようにして見出せばよいか

凸面鏡に映された対象の像の場所すなわち見かけの場所は、どのようにして見出せばよいであろうか。（図Ｖ―５において）鏡はＡＢＣで、その中心はＤであり、目はどこにあってもよいが、その位置をＧとしよう。それゆえ、線分ＧＤを引けば、これは目の垂線であろう。また、対象はＩＥであり、これが線分ＧＤと交わる点をＦとしよう。目の垂線ＤＧに平行な直線ＩＡを引くと、ＩＡは鏡面に入射するか、接するか、まるまる鏡の外部にあるかのいずれかであろう。

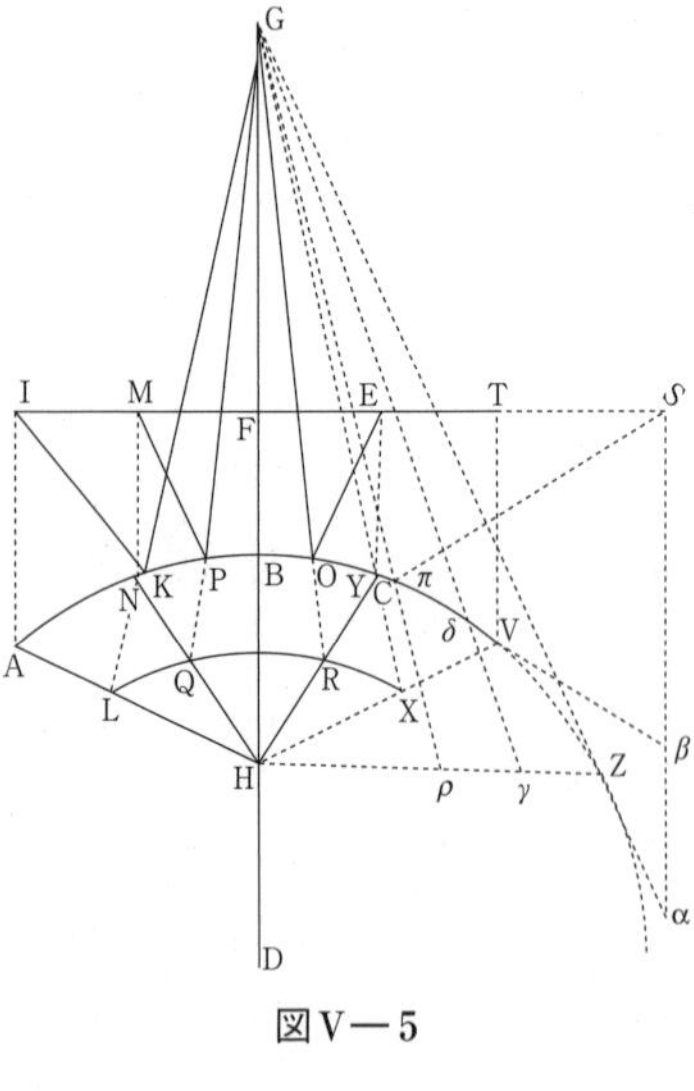

図Ｖ―５

まず第一に、点Aは鏡面上にあるものとしよう。そしてDBを二等分する点をHとして、線分AHを引こう。また、どんな光線でもよいが反射してGにある目の方へと向かうように光線IKを引いて、GKをAHに出会うまで延長し、その出会う点をLとしよう。同様に、対象の他の任意の諸点、たとえばMやEから、目の垂線DGに平行で鏡にまで至る直線MN、ECと、入射光線MP、EOを引き、MP、EOは反射してGへと向かうものとしよう。そしてGPとGOを、それぞれ直線HN、HCと出会うまで延長して、その出会う点をそれぞれQおよびRとすれば、QとRが対象の点MとEの像の場所であろう。同様にして、対象IE上にあるすべての点の像の場所を、線LQR上に見出すことができる。

理由は以下のとおりである。FEを、FTとFIが等しくなるような点Tへと延長し、かつ対象の末端I、TがそれぞれA、Vにあると考えよう。そうすると、I、Tは鏡の点A、Vそのものが見えるのと同じ場所に見えるであろう。さらに、I、Tがこの位置から限りなく遠ざかるとすれば、(前の命題により)この二点と対象全体は縮小してゆき、消失して点になってしまうのが見えるであろう。それゆえ、点Iの見かけの場所は直線AH上に、点Tのそれは線VH上にあるであろう。しかるに、この両点の見かけの場所は、それらの視覚線GK、GY上にある。それゆえ、この見かけの場所は、これらの視覚線とAH、HVの交点に、すなわち点Lと点Xとにある。同じ理由により、点Mと点Eの像の場所はそれぞれ直線HN、HC上にあるであろうが、この同じ場所はそれぞれ視覚線GP、GO上にあり、したがってそれぞれの交点QとRにある。それゆえ、対象IEの像の場所が、すなわちLQRが見出された。これが第一の場合になされるべきことであった。これに対して、所与の点から他の所与の点へと反射するように直線を引くことは、どのようにしたら可能か、という問題は歯応えのある問題であって、これは双曲線の助けを借りて行なうことができるが、しかしその双曲線自体が、これらの点を通るということを除いて、つまり機械的には存在しそうにない。

第二に、対象ISは、その末端Sから目の垂線GDに平行に引いた線分Sαが全部そっくり鏡面の外にはみ出るほど大きいとしよう。目Gから直線Gαを引き、これが鏡に接する点をZとしよう。そうすると、仮に点Sがαに移し置かれるとしたら、SはZにあるように見えるであろう。それゆえ、再び上方へと遠ざかっていってSの方へ向かう間、Sの場所は直線HZ上に現出するであろう。たとえば、対象の点がβで、その光線βδが反射してGにある目の方へと向かい、Gδの延長線がγでHZと交わるとすれば、γが点βの見かけの場所であろう。それゆえ、対象の点がSそのものにあるとして、入射線Sπとその反射線πGを引き、Gπの延長線がHZに交わる点をρとすれば、点ρがSそのものの見かけの場所であろう。それゆえ、凸面鏡に映った像の場所は見出された。そしてこのことがめざしていたことであった。

さらに、視角が消失することによって見えなくなる諸対象について述べる。このことは、それ自身の本性によって光る対象の場合には生じない。なぜなら、恒星は視角が消失しても現出しなくなることはないし、蠟燭も、たとえ視角が感知不能になるほど遠くに移されたとしても現出しなくなることはないからである。ただし、そのような視覚は既述のように常に混淆しており、その理由は（第二章第三節に）既に引いたとおりである。

第六章　球状凹面鏡に映された対象の見かけの場所について

一　入射線が目の垂線と交わらないような位置に目と対象が置かれている場合に、像の場所を見出すこと

球状凹面に映された場合、対象は、あるときは同じ位置に現出し、あるときは倒立して現出する、ということが起こる。このことの原因は明らかで、それは次のことである。すなわち、あるときは入射光線同士が反射する以前に交わり、その場合にはたしかに対象は倒立して現出するが、しかし他の場合には原物と同じ位置を占める、ということである。

それゆえ第一に、対象からの入射光線同士が反射以前には互いに交わらないような位置に目と対象がある場合、像の場所は次のようにして捜し求められるであろう。

（図Ⅵ―1において）Aを中心とし、任意の光線ABを半径として、円弧BCDを描き、その部分ECは凹面鏡を表わしているとしよう。また目は

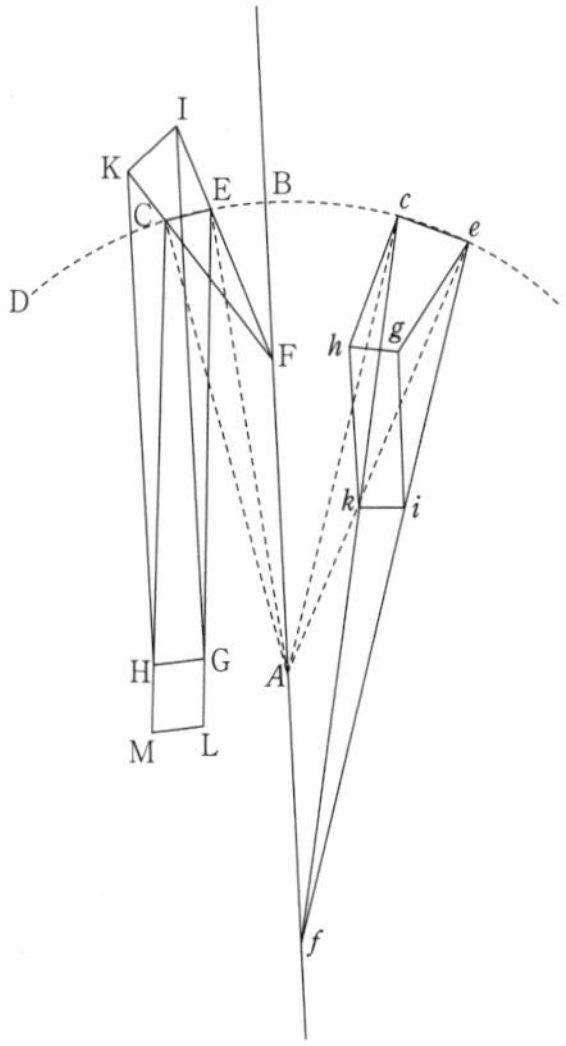

図Ⅵ―1

Fにあるとしよう。直線FEと直線FCを引き、これらが反射してから沿う直線をそれぞれEG、CHとし、さらにGとHを直線で結んで、このGHが対象を表わすとしよう。そうすると、入射線GE、HCが反射してから沿う直線はそれぞれEF、CFであろう。それゆえ、点Gは視覚線FE上のどこかに、もしくはFEを延長する必要がある場合はその延長線上のどこかに、あるように見えるであろう。同様に、点Hは視覚線FC上の、もしくはこれも延長する必要がある場合にはFCの延長線上のどこかに、あるように見えるであろう。いま仮に点Gと点Hがそれぞれ点Eと点Cそのものに重なっているとすれば、それ自体として明らかなように、G、Hはそれぞれ点E、Cそのもののあるところに見えるであろう。同じく明らかなことであるが、点G、Hは右の点E、Cから遠ざかってゆくにつれて、ますます鏡よりも向こう側の位置に現出するであろう。そこで、GとHはそれらがもともと置かれていたGとHの位置へ戻されたと仮定しよう。そしてGとHから、それぞれ目の垂線すなわちABに平行な直線GI、HKを引き、これらがそれぞれFE、FCの延長線と交わる点を、それぞれIとKとしよう。私は、対象はIとKの間に現出するであろう、すなわち、点GはIに、点HはKに現出するであろう、と言う。

平行線IG、KHをどれだけでもよいから延長して、その延長線の末端をそれぞれL、Mとし、直線LM上に対象が位置していると仮定しよう。そうすると、点Lから来てFにある目に向かって反射する入射線は、EとBとの間に入射し、点Mから来て同じ点Fに向かって反射する入射線は、CとEとの間に入射するであろう。そして対象はFE、FCとは別の視覚線により、鏡のはるか向こうにあるように見えるであろう。なぜなら、対象が鏡から遠くなればなるほど、像の場所もまた同じ鏡から遠くなるであろうし、ますます小さな視角の下で小さく現出するようになっていって、ついに十分遠い距離に達すると、視角が狭いために見えなくなるに至るであろうが、こうなるのはすなわち、平行線同士が合わさって目の垂線そのものに重なってしまうからである。そして右のことはたしかに、像の場所を決定する原因のうちの一つである。すなわち、像の場所は平行線ＩＧ、ＫＨの間にあって鏡に対して近づいたり遠ざかったりする、ということである。

像の場所を決定するもう一つの原因は、目Ｆから発して反射点ＥとＣを通る二本の視覚線そのものである。この原因のゆえに点Ｇは一方では視覚線ＦＥ上に見えるであろうし、また一方では平行線ＧＩ上に見えるであろうから、Ｉに位置する交点にあるように見えるであろう。また同じ原因により、点ＨはＫにあるように見えるであろう。

さらに、対象のその他の任意の各点の像の場所も、同じ方法によって、すなわち、その点そのものから目の垂線に平行な線を引き、かつ同じ点から、反射して目へと向かうような線を引くことによって、見出される。なぜなら、像はこの両線の交点にあるように見えるであろうから。

像の場所のこの発見規則、すなわち、「像の場所は、対象の任意の各点から目の垂線に平行に引かれた直線の、視覚線との交点にある」という規則は、平面鏡や球状凸面鏡にも共通のものである。なぜなら、平面鏡の場合は像の場所は対象の垂線上にあり、この垂線は目の垂線に平行だからである。

二　同　前

他方、入射光線が互いに交差しないような位置に対象が置かれ、さらに鏡の中心が目と鏡の頂点との間にある場合には、像の場所は次のような仕方で見出されるであろう。〔同じ図Ⅵ―1において〕鏡の中心はA、頂点はB、鏡そのものはｃｅ、目はｆ、対象はｇｈであるとしよう。また入射線はｇｅ、反射線はｅｆであるとしよう。同様に、ｈｃも入射線で、その反射線はｃｆであるとしよう。そうすると、点ｈと点ｇは、それぞれ視覚線ｆｃ、ｆｅ上のどこかに見えるであろう。いま、対象ｈｇは平行線ｈｋ、ｇｉの間を動くと仮定しよう。そうすると、この対象は動くのが見えるであろうが、ただしそれは代るがわる別々の視覚線によってであろう。さらに、点ｇがｉに、点ｈがｋにあるときには、目から見るとｉがｇに、ｋがｈにあるように見えるであろう。それゆえ反対に、目から見るとｈはｋに、ｇはｉにあるように見えるであろうし、かつｈとｇは両方とも、ｆにある同一の目から見えているであろう。それゆえ、対象ｈｇの像の場所はｋｉであることが見出された。そしてこれがなされるべきことであった。

三　入射線が目の垂線と交わるような位置に目と対象が置かれている場合〔に、像の場所を見出すこと〕

これに対して、対象の点から射してくる入射線が、目に向かって反射を生じる以前に目の垂線と交わる場合に、対象の見かけの場所がどこにあるかを知るためには、対象がそこに置かれたら対象の両端の点が〔球状凹面鏡に〕映されてもじかに見た場合に現出するところに現出するであろうような場所が、二つあると考えなければならない。その一つは、対象の両端の点が鏡面それ自体の上にあるような場所であり、もう一つは、対象の一方の端から鏡に入射する光線が目に向かって反射するともう一方の端を通るような場所である。たとえば、(図Ⅵ―2において）鏡はＡＢＣ、鏡の中心はＤであるとし、目はどこにあってもよいが、そのある点をＥとしよう。第一に、対象はＡＣで、その両端の点ＡとＣは鏡面それ自体の上にあるとみなそう。そして線分ＥＡ、ＥＣを引こう。ＡとＣは、鏡に映して見てもじかに見ても、同じ視角ＡＥＣの下に見えることは明らかである。それゆえにまた、ＡとＣは、じかに見ても鏡に映して見ても、同じ場所に見えるであろう。第二に、入射線ＦＨの反射線ＨＥが点Ｇを通過し、同様に入射線ＧＩの反射線ＩＥがＦを通過するような位置に、対象ＦＧが置かれているとしよう。この場合にもまた、点Ｇと点Ｆはじかに見た場合も鏡に映して見た場合も同様に、視角ＦＥＧの下に見えるであろう。それゆえ、対象に注意している心にとっては、ＧとＦは鏡に映してもじかに見ても、点Ｇと点Ｆ自体に現出する。しかるに、どれほど短くてもよいから中心Ｄを通る直線ＫＤＬを引けば、入射線ＫＭ、ＬＮがそれぞれ有する反射線ＥＭ、ＥＮは、いずれもＫＬと交わる。それゆえ、線分ＢＫ、ＢＬを引けば、一方でＢＫはＢとＫの間でＥＮと交わり、他方でＢＬはＢとＬの間でＥＭと交わるであろう。私がこのことを注意すべきこととして引いたのは、第一、二節の命題のためである。

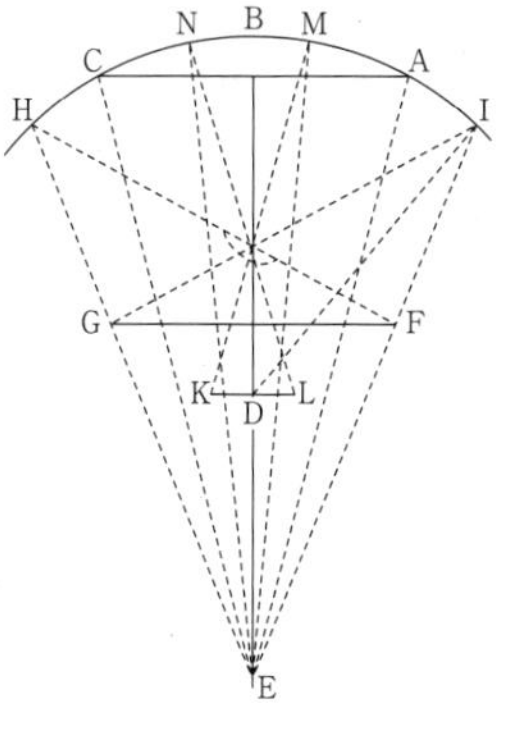

図Ⅵ―2

四　同前

鏡の中心が目と鏡の頂点との間にくるように目の位置をとり、目から鏡へ入射線を、この入射線の反射線が目の垂線と直角に交わるように引いて、この垂線のもっと目に近い方に、かつ目の垂線に平行で鏡に両側でぶつかる二本の直線の間に対象を置いた場合に、その見かけの場所を見出すこと〔は、次のようにしてなされる〕。

〔図VI—3で〕鏡はＡＢＣ、鏡の中心はＤであるとし、目はＥにあって、目の垂線はＢＥであるとしよう。さらに線分ＥＣを引けば、ＥＣは反射してＣＡに沿い、ＣＡはＥＢと直角に交わるとしよう。そして、直線ＥＢに平行な線分ＣＧ、ＡＦを引こう。いま、対象を線分ＫＬ上に置いた場合に、この対象の見かけの場所を見出さなければならない。ＫとＬをそれぞれ通る、目の垂線ＢＥに平行な直線ＫＭ、ＬＮを引こう。そして点Ｋと点Ｌはこの平行線上を、それぞれ点Ｍと点Ｎの方へと動いてゆき、ついにはたとえば、Ｏからの入射線すなわちＯＱは反射してＰを通ってＥへと向かい、また反対にＰからの入射線すなわちＰＲは反射してＯを通ってＥへと向かうような、そのような点Ｏと点Ｐにそれぞれ位置するに至る、と考えよう。しかるに、線分ＯＰは常に円の中心と頂点との間にあるであろう。次いで線分ＢＯ、ＢＰを引き、必要な場合には延長しよう。いま、点Ｋから引かれた入射線ＫＳは反射

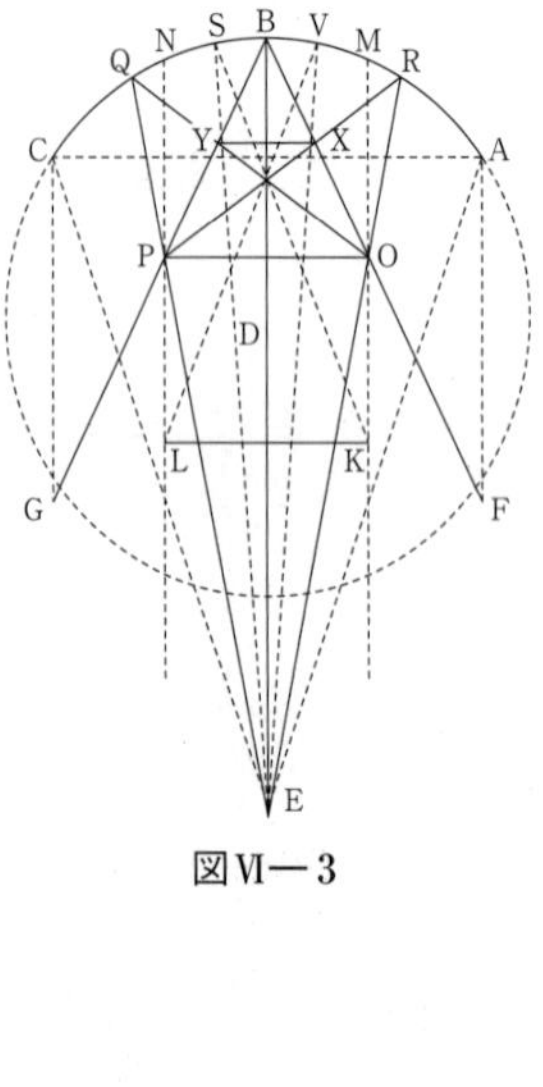

図VI—3

してＳＥに沿ってＥへと向かい、点Ｌから引かれた入射線ＬＶは反射してＶＥに沿ってＥへと向かうとしよう。また反射線ＳＥ、ＶＥはそれぞれＸとＹにおいて直線ＢＰ、ＢＯに交わるとしよう。私は、ＫとＬはＸとＹとの間に、すなわちＫはＹに、点ＬはＸに現出するであろう、と言う。

対象ＫＬが線分ＯＰ上に位置しているとした場合には、〔前節により〕ＫＬはＯＰそのものの上に視角ＯＥＰの下に現出する。しかし対象が同じ平行線ＯＫ、ＰＬの間にあって頂点から遠ざかってゆくと、視角は絶えず小さくなってゆき、無限に遠くまで続けられると、ついには目Ｅから出てくる視角側辺が平行になる、あるいはむしろ合わさって一本の直線ＥＢ上に重なるに至る。したがって、点Ｂは視角の消点である。それゆえ、ＯＰ上に置かれた対象はじかに見た場合と同じ大きさで現出し、また頂点のこちら側の無限に遠いところに置かれると現出する大きさが零になるから、視角が角ＰＥＯよりも小さくなるような、ＯＰのこちら側のどこに対象が置かれても、その両端ＫとＬはそれぞれ直線ＢＰ、ＢＯ上のどこかに現出することが必然的である。しかるに、対象のこの同じ両端はそれぞれ視覚線ＳＥ、ＶＥ上に現出する。それゆえ、この両端はそれぞれＢＰとＳＥ、ＢＯとＶＥの交点そのものに、ということはつまりＫはＹに、ＬはＸにというように倒立して現出するであろう。それゆえ、〔本節冒頭の段落に述べたような仕方で置かれた対象の見かけの〕場所は見出された。そしてこれがなされるべきことであった。

系一　入射線が反射する以前に目の垂線と交わるとき、対象は常に倒立して現出し、かつまた目と鏡の反射面との間にあるように現出する。

系二　右のことから、対象のその他の諸点すなわちKとLの間にある諸点の見かけの場所もまた、どのようにして見出されるべきかが明らかである。なぜなら、目の垂線からどちらも等しい距離にある二つの点を通る、この垂線そのものに平行な二直線を引き、対象の両端がその像の両端の点と互いに一致するまで対象を頂点の方へ近づけ、そして頂点からこの両点へ直線を引き、等々のことがなされるべきだからである。

五　同前

既述の二本の平行線の外側の、直線ACよりも目に近いほうに対象が置かれている場合に、対象の見かけの場所を見出すこと〔は、次のようにしてなされる〕。

再び鏡は（図Ⅵ―4の）[1] ABC、鏡の頂点はB、中心はDであるとし、目も以前と同様にEにあるとしよう。EからそれぞれAとCで鏡に入射する二本の直線を、入射線EAの反射線はAC、入射線ECの反射線はCAとなるように引いたとしよう。また点AとCから目の垂線EBに平行な直線AF、CGを引き、この両直線の外側に、どんな置き方でもよいから対象HIを置いたとしよう。さらに、点Hから入射線HKを引き、これが目の垂線と交わるとともに、反射してKEに沿って目に向かうとしよう。また点Iから入射線ILを引き、これが目の垂線と交わるとともに、反射してLEに沿って目に向かうとしよう。いましなければ

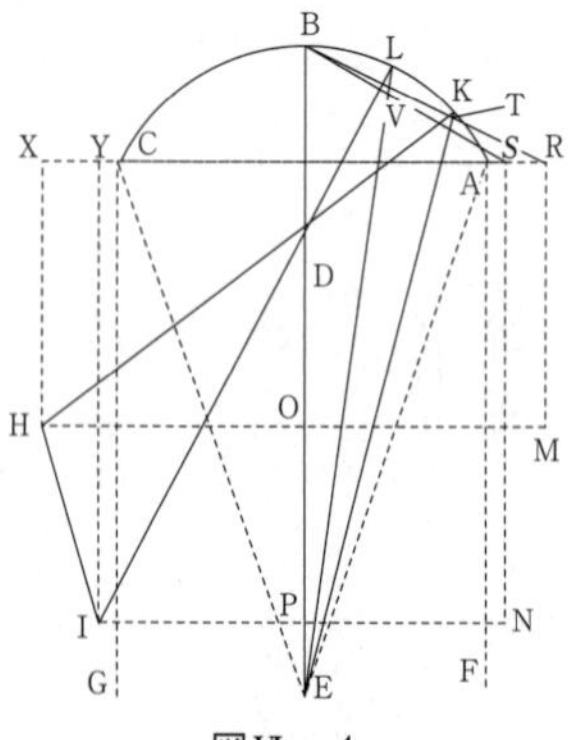

図Ⅵ―4

ならないことは、対象HIの像の場所を決定することである。

直線ACに平行な、すなわちEBに直交する線分HM、INを引き、この両線分がEBと直交する点をそれぞれO、Pとしよう。そして線分HO、IPそのものにそれぞれ長さの等しい線分OM、PNをとろう。また点M、Nのそれぞれから、BEに平行で、かつCAの延長線上の点R、Sをそれぞれ末端とする線分MR、NSを引こう。次に線分BR、BSを引き、そのうちBRが視覚線EKと交わる点をT、BSが視覚線ELと交わる点をVとしよう。私は、HはTに、IはVに現出するであろうし、また対象HIのその他の諸点に関しても同じようにするならば、対象全体がTV上に現出するであろう、と言う。

理由は以下のとおりである。直線EBに平行で、ACの延長線とそれぞれXとYで交わる線分HX、IYを引き、またXRが見られるべき当の対象であると仮定すれば、対象の末端の点Xの像はAに、もう一方の末端の点Rの像はCに現出することになり、そのさいの視角はAECとなるであろう。同様に、YSが当の対象であると仮定すれば、この対象の両端の点もまた同じ点Aと点Cに現出することになり、そのさいの視角も同じAECとなるであろう。さらに、一方の側ではXとYが平行線XH、YI上を鏡からますます遠ざかってゆき、他方の側ではR、Sが同じようにして遠ざかってゆくと、それにつれて視角はますます小さくなり、その結果、XがHに、RがMに置かれると、HとMはBEKの二倍の視角の下に見えるであろう。同

(1) この図の原図では点Xと線分XH、XYが欠落しており、また点Iの位置が誤っているために入射線ILも誤って描かれているが、本文の理解に必要なので、加筆・修正して掲載した。

様に、YがIに、SがNに置かれると、IとNはBELの二倍の視角の下に見えるであろう。しかるに、角BELも角BEKも同じように、XとRが直線ACの延長線上に置かれた場合に見えるさいの視角AECの、半分の角BEAよりも小さい。さらに、一方の側ではHとIが、他方の側ではRとSがなおいっそう鏡から遠ざかるとすれば、両端の点X、RあるいはY、Sが見えるさいの視角はなおいっそう小さくなり、ついには無限に遠ざかると、視角をはさむ両直線が合わさって一本の直線EBに重なるに至る。それゆえ、点Bは消点である。そしてそれゆえに、平行線XH、YI上の任意の位置に置かれた点Xと点Yの像は、それぞれBR、BS上にあるであろう。したがって点Hと点Iは、HがBR上に現出するのに対して、IはBS上に現出するであろう。しかるにこの同じ点Hと点Iは、それぞれ視覚線EK、EL上に現出する。それゆえこの両点は、それぞれBRとEK、BSとELの交点に、ということはつまりTとVに現出する、すなわち、点HはTに、点IはVに現出する。それゆえ、本節の冒頭の文に述べたような仕方で対象が置かれた場合のその見かけの場所は見出された。そしてこれがなされるべきことであった。

六　同　前

対象が直線ACを越えた向こうに置かれている場合に、その見かけの場所を見出すことは〔は、次のようにしてなされる〕。（図VI—5で）鏡はFABC、頂点はB、中心はD、目はEである

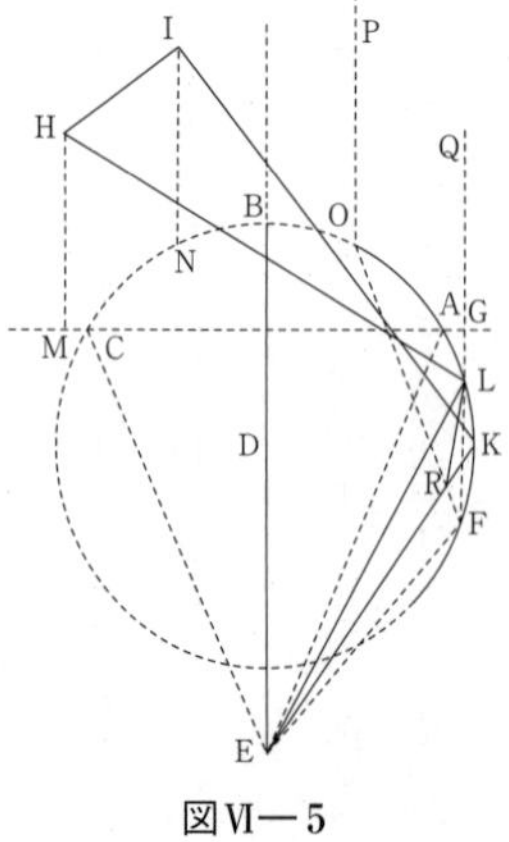

図VI—5

としよう。直線ＡＣは反射してＣＥに沿い、直線ＣＡは反射してＡＥに沿うと仮定しよう。さらに、ＥＦは反射して目の垂線に平行なＦＧに沿い、ＣＡの延長線とＧで交わると仮定しよう。いま、対象ＨＩがあって、この対象の点Ｈからは鏡へＨＬが入射し、これは反射してＥへと向かい、同様に点ＩからはＩＫが入射し、これも反射してＥに向かうとしよう。そうすると、Ｈは直線ＥＬ上に、Ｉは直線ＥＫ上に現出するであろう。いま、ＨとＩをそれぞれ通る、直線ＥＢに平行な直線ＨＭ、ＩＮを引こう。そして対象ＨＩはこの二本の平行線の間にあって、点Ｈ、Ｉの向こうへ限りなく遠ざかってゆくと仮定しよう。入射線ＨＬ、ＩＫがＦＧとなす角は感知できないほど小さくなるだろうということ、右の三本の線ＦＧ、ＨＬ、ＩＫは感覚上は合わさって一本の線ＧＦに重なるであろうということ、そしてその結果弧ＬＫは、対象が無限に遠ざかった後では、ついには点Ｆへと収斂して消失してしまうこと、これらのことは明らかである。次に、ＩＮそのものに平行で、目の垂線からＩＮと同じ距離にある線分ＯＰと、ＨＭそのものに平行で、目の垂線からＨＭと同じ距離にある線分ＧＱを引こう。そしてＦとＧ、ＦとＯを直線で結び、ＦＧが視覚線ＥＬとＬで、ＦＯが視覚線ＥＫとＲで交わるものとしよう。私は、ＬＲが像の場所すなわち対象の見かけの場所である、と言う。

理由は以下のとおりである。視角は対象の両端Ｈ、Ｉが直線ＡＣに近くなればなるほど常に大きくなり、遠くなればなるほど小さくなって、しまいにこの両端がＡＣから無限に遠くなると、点Ｆ上で消失してしまうに至るから、両端の像はそれぞれ、ＧとＯの方へと引かれた直線ＦＱ、ＦＯの上にあるであろう。したがって、この両点の像が常にそれぞれ視覚線ＥＬ、ＥＫ上にもある場合、これらの像はそれぞれＦＱとＥ

L、FOとEKの交点そのものに、すなわちLとRにあるであろう。それゆえ、対象HIの見かけの場所はLRであることが見出された。そしてこれがなされるべきことであった。

七　同　前

対象の見かけの場所を見出すことについて、本章と第三〜第五の三つの章とで述べたことから、次のように一般的に陳述することができる。すなわち、「対象の見かけの場所は常に、私たちが消点と呼ぶ点（すなわち、視角の狭まった果ての消失が、その点上で起こる当の点）を頂点とする何らかの角をはさむ二直線と、対象の両端がその上に現出する視覚線、もしくは右の二直線が鏡に入射する点から引き出されて対象の両端を通過する平行な二直線との、交点上に見出される」ということである。ところでこの消点は、対象を見る仕方が異なれば異なる点になる。じかに見た場合、この点は決まらず、いわば地平線上にとられる。なぜなら、私たちの周囲にある対象の最も大きなものでも、目から地平線の距離にあると消失するからである。さらに、消点を頂点とする角をはさむ二直線は、網膜球の中心を通過する底辺上で終りになる。

透明板を通して対象を見た場合の消点は、網膜球の中心を通り、かつ透明板を通して透視された地平線に平行な直線上にある。透視図法について著述した何人かの人々は、この点を始源点と呼んでいる。さらに、この点を頂点とする角をはさむ二直線を透明板上に引けば、それらの末端は地平面にある。

対象を平面鏡に映して見た場合、消点はじかに見た場合と同じであるが、ただし鏡の向こう側にある。

球状凸面鏡に映して対象を見た場合、消点は目の垂線上の、鏡の頂点から鏡面球の直径の四分の一だけ離れたところにある。さらに、この点を頂点とする角をはさむ二直線の鏡面上における末端は、対象の両端から目の垂線に平行な二直線が鏡に入射する点にある。

最後に、球状凹面鏡に映して対象を見た場合には、消点の位置はさまざまである。目が鏡の頂点と中心との間にあって、さらに入射光線が目の垂線と交わらない場合には、消点は対象を凸面鏡に映して見た場合と同じになるであろう（第一、二、四節）が、ただし対象の両端の場所は、消点から発して対象の両端を通過し、かつ目の垂線に平行な二直線が入射する、鏡上のその二点から引かれる直線と、視覚線が交わる交点にあるであろう。鏡の中心が鏡の頂点と目との間にあり、これに対して対象が、目の垂線に垂直で鏡上に末端があり両側で目に向かって反射する線の手前側にある場合には、消点は鏡の頂点そのものになるであろう。第七・八節。

だがもし対象が右の直線の向こう側にあるとすれば、消点は、目から引かれた直線がそこで反射すると目の垂線に平行な線に沿うような、鏡のさまざまな部分にある。第九節。

八　対象がどのような位置に置かれても、その像は網膜球の中心に達するほど鏡から遠ざかることはできない。

凹面鏡上で見られた対象の像は、鏡の頂点のずっと手前に現出することも少し手前に現出することもあるが、しかし目の場所に、すなわち網膜球の中心に達することは決してできない。ましてや、光学について著述している人々が考えているように、見る人の背後にある、などということはありえない。

理由は次のとおりである。（図Ⅵ―6で）鏡はＡＢＣ、鏡の中心はＤであるとし、目はどこにあってもよいが、そのある点をＥとしよう。そして線分ＥＡを、その反射線がＡＣで、このＡＣが目の垂線ＥＢと直角に交わるような具合に、引いたと仮定しよう。そこでまず第一に、対象がＦＧであるとして、その両端ＦとＧから入射線ＦＨ、ＧＩを引き、この両線の反射線がそれぞれＨＥ、ＩＥで、この二本の反射線はともにＥにある目に向かって進む、と仮定しよう。そうすると、線分ＢＦ、ＢＧを引いてこれをそれぞれ視覚線ＥＩ、ＥＨに交わるまで延長し、その交点をそれぞれＫ、Ｌとすれば、ＦはＫに、ＧはＬにあるように見えるであろう。そしてこの点Ｋと点Ｌは、それぞれ視覚線ＥＨ、ＥＩそのものの上にあるので、常に目と鏡との間にあるであろう。これに対して、最大現出線ＡＣ自体の上に対象ＭＮがあるとしよう。そうすると、Ｎは直線ＡＥ上に、Ｍは直線ＣＥ上に見えるであろう。しかるに、Ｍは直線ＢＮの延長線上にも見え、Ｎは直線ＢＭの延長線上にも見えるであろう。それゆえ、ＭはＯに、ＮはＰに、ということはつまり、目と鏡との間にあるように見えるであろう。他方、ＭＮ全体が直線ＥＢ上にあるとしたならば、ということはつまり、ＭＮが物的対象ではなくて数学的点であるとしたら、その場合には角ＭＢＮは全く消滅し、この角をはさむ二本の直線は合わさってただ一本の直線ＥＢに重なる。そして視覚線は両方ともたしかにこの直線と点Ｅにおいて、すなわち網膜球の中心そのものにおいて交わるが、しかし純然たる点はいかなる末端も持たないので、それ自身の像を作り出す

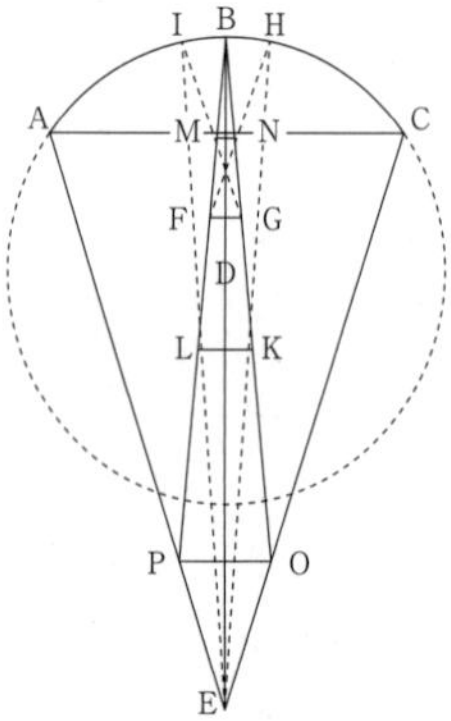

図Ⅵ―6

ことはできない。それゆえ、像は目そのものの位置にも、目の後方にも決してないであろう。証明終り。

系一　対象が直線ＡＣに近づけば近づくほど、それだけ対象の像は大きくなり、かつ目の近くにあるようになる。このことは図の観察そのものから明らかである。

九　対象の点は、鏡の中心にある場合、この中心よりも手前に位置した目にとっては、この中心そのものに現出するであろう

対象と像が互いに接する点に鏡の中心がある。（図Ⅵ―6において）何かある対象が中心Ｄそのものに置かれていると仮定しよう。それゆえ、入射線を引けば、それらは半径ＤＢと一致し、またＥＤＢは目の垂線であるから、これらの線の反射線は同じ直線ＢＤ上にあるであろう。それゆえ、点状の対象Ｄは（第六節により）中心Ｄそのものにあると見えるであろう。ただしそれはこの点を、見ることができるように物理的点としてとるならばの話である。なぜなら、数学的点はいかなる仕方でも感覚されえず、ただ理論上考えることができるだけだからである。それゆえ、対象の点は、見ることが可能な点であるかぎりは、鏡の中心に置かれると、鏡に映して見ても同じ所に現出する。いま、対象に大きさを、それも対象の中心の両側で等しい大きさを付け足して、この対象をＫＬとしよう〔次頁の参考図参照[2]〕。そして点Ｋと点Ｌから入射線ＫＭ、ＬＮ

（2）この参考図は原本には存在しないが、本文の理解を助けるために訳者が付加した。

を引き、この両線の反射線はそれぞれＭＥ、ＮＥであるとし、ＢとＫ、ＢとＬを直線で結べば、視覚線ＥＭはＢとＬの間でＢＬと、視覚線ＥＮはＢとＫの間でＢＫと交わるであろう。このことは第六節の最後に示したとおりである。それゆえ、点Ｋと点Ｌはその像に接することはなく、自らの像に接するのは鏡の中心に置かれた唯一の点Ｄのみである。それゆえ、対象の点とその像とが互いに接する場合、この接触があるのは鏡の中心においてである。証明終り。

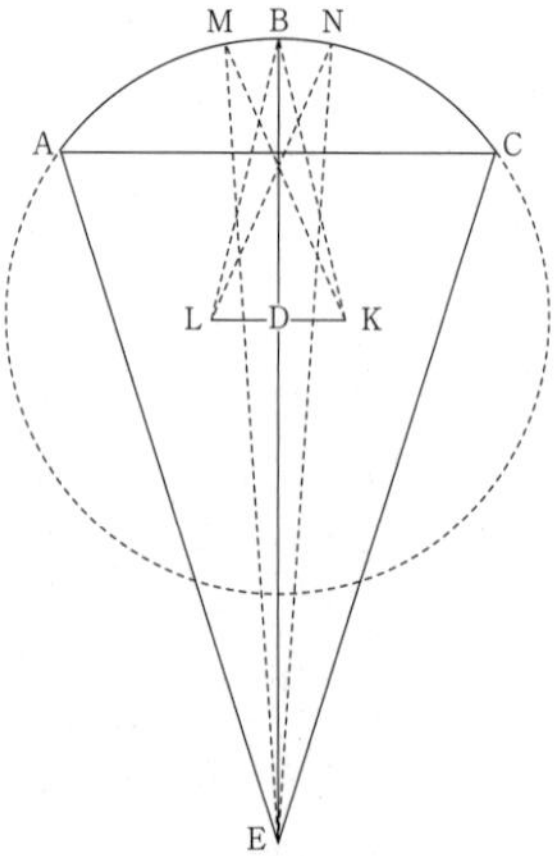

参考図

十　どこで混淆が最大になるか

目と対象の一定の位置において観察されうる混淆に関していえば、最大の混淆が起こるのは、対象が最大現出線の上にあるとき、すなわち、目の垂線と直角をなしつつ、垂線の両側の鏡面で目に向かって反射する線の上にあるときである。図Ⅵ―6における直線ＡＣはそのような線である。それゆえ、この線上に対象が、たとえばＭＮが置かれたとすれば、対象の各点は、ある場合には両視覚線ＥＡ、ＥＣ上に見えるが、場合によってはまた第三の視覚線上に見えもするであろうということは、図そのものにおいて明らかなとおりである。なぜなら、Ｍは視覚線ＩＥ上に、Ｎは視覚線ＨＥ上に見えるからである。これに対して、目が鏡の頂点と中心との間に位置するとした場合には、最大の混淆があるのは次のようなときであろう。すなわち、目の垂線全体の長さが鏡面球の半径に対して有する比を、頂点寄りの部分の長さが中心寄りの部分の長さに対して持つように、この半径を分割する、その分割点の近くに目が位置しているときである。なぜなら、この点の付近に目があると、すべての入射線が目の瞳孔に向かって反射するからである。

第七章　一回だけの屈折を経て見られた対象の見かけの場所について

一　一回だけの屈折を経て見られた対象の見かけの場所のための一般的規則

一回だけの屈折を経て見た場合、すなわち、目がある媒体中にあり、対象が光への抵抗の異なる他の媒体中にある場合に、まず考察しなければならないのは、仮に両方の媒体が同じ性質のものだとしたら対象はどこの場所にあるように見えるか、ということであり、次に考察しなければならないのは、屈折がどこの点で生じるか、ということである。なぜなら、目からこの点まで引かれた直線は、見られている点の視覚線であるが、この線に、見られている対象の点から屈折点までの直線の長さを付け加えれば、この線全体の末端が求める像の場所になるだろうからである。その理由は、視覚の原因である見られている点からの光線は、それ自身の媒体の内部で伸びている長さの分だけ、同じ媒体内で視覚線に沿って伸びているような見え方をするだろうから、ということである。

二　右の規則のいくつかの応用

仮に対象が直線であって、濃いほうの媒体中に置かれ、これに対して目は稀薄なほうの媒体中にあるとし、さらにこの両媒体を区切る線は直線で、対象に対して平行であるとすれば、すなわち、たとえば対象が水中に、目が空気中にあるとすれば、対象は斜めに、しかも絶えず媒体を区分する線のほうへ近づいてくるように現出するであろう。

（本章の図表の第一図〔図Ⅶ―1〕において）対象は直線ABCDであるとしよう。二つの媒体を区分する線は直線EGHIで、これはADそのものに平行であり、この両直線に対してFEAが垂直であり、また目はFに位置しているとしよう。そして平行な二直線AD、EIの間に濃いほうの媒体、たとえば水があり、これに対してFとEIとの間には稀薄なほうの媒体、たとえば空気があるとしよう。以上のように設定すると、点Eにおいては作用の方向が垂直であるために、いかなる屈折も生じないであろうから、Aは点Aそのものにあると見えるであろう。他の点Bをとり、直線BGを、屈折の法則に従って屈折してFにある目の方へと向かうように引こう。また線分FGを引き、これをGKの長さがGBの長さに等しくなるような点Kまで延長しよう。そうすると、点BはKに現出するであろう。そしてこのKのあるところは直線ADよりも手前であろう。なぜなら、GBの長さは、線分GKが直線ADそのものに達するまで続いている場合にこのGKがなる長さよりも、短いからである。同様にして、他の点Cをとり、これまた屈折後はFへと向かうようにCHを引いたうえで、視覚線FHの延長線上に、CHそのものに長さの等しい直線HLをとろう。そうすると、点Cの見かけの場所はLにあるだろう。同じ方法により、点Dの見かけの場所はMであることが見出されるであろうし、また媒

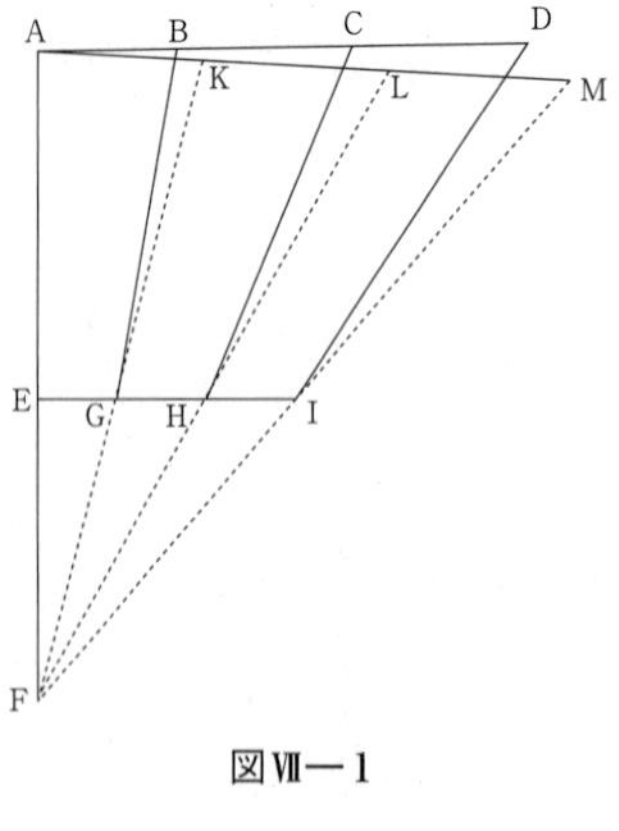

図Ⅶ―1

体によって決まっている屈折率に従って作図を行ないさえすれば、点K、L、Mは線AKLM上に来るであろう。そしてこの線AKLMは、直線EIを含んでいる屈折面のほうへ絶えず近づいてくるであろう。これが示されるべきことであった。

ただし、この線がどのような線かを決定することは困難である。仮にGK、HL、IMの長さがすべて垂線EAの長さに等しいとすれば、その場合はたしかに線AMは普通のコンコイド(1)であろう。これに対して、今の場合はコンコイドではないが、しかしたとえ無限に進行して絶えず線EIの方へと近づいていっても、決してEIに到達することはないから、この線を無数の種類のコンコイド類の線のうちの一つに数えることが、正当にできるように思われる。

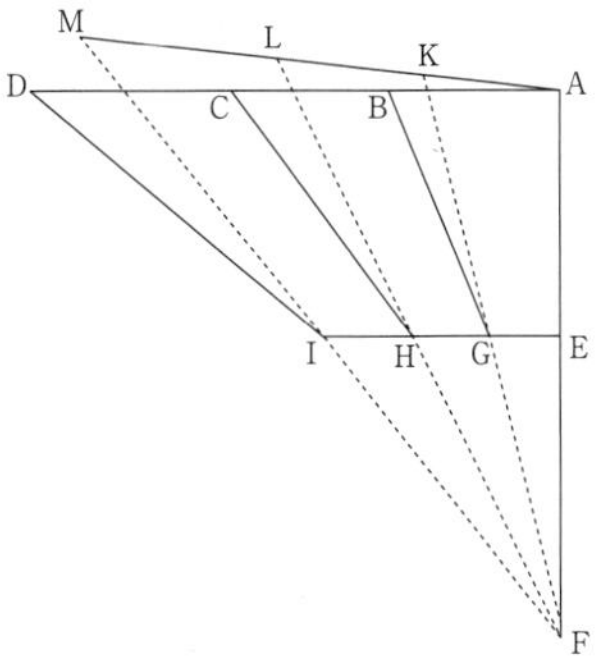

図Ⅶ—2

三　同　前

これに対して、（図Ⅶ—2におけるように）平行線AD、EIの間にある媒体が、目がその中にある媒体よ

(1) 定点と、この定点を通らない定直線上を動く点とを結ぶ直線の延長線上にあって、この動点から一定の距離にある動点の、軌跡として定義される曲線。定点が座標軸の原点、定直線が$x=a$、二つの動点間の距離がℓの場合、$(x-a)^2(x^2+y^2)=\ell^2x^2$という方程式で表わされる。

りも稀薄であるとした場合には、屈折の法則に従って作図を行なえば、対象ADはAMに現出するであろうし、AMは絶えずますます直線ADから遠ざかってゆくであろう。なぜなら、このことの証明は前節の命題の証明と同じで、違いはただ、前節のケースでは垂線のある方への屈折が生じるのに、本節のケースでは反対の方へ屈折が生じる、という点だけだからである。そして、証明が同じである理由は、本節の場合もGK、HL、IMの長さはそれぞれGB、HC、IDの長さそのものに等しくなるようにとられているからである。

四　同　前

同様に、（図Ⅶ―3において）対象は濃いほうの、目は稀薄なほうの媒体中にあって、両媒体の分離線が円の弧であると仮定されている場合、屈折の法則に従って視覚線を見出したうえで、それらの視覚線上に、それぞ

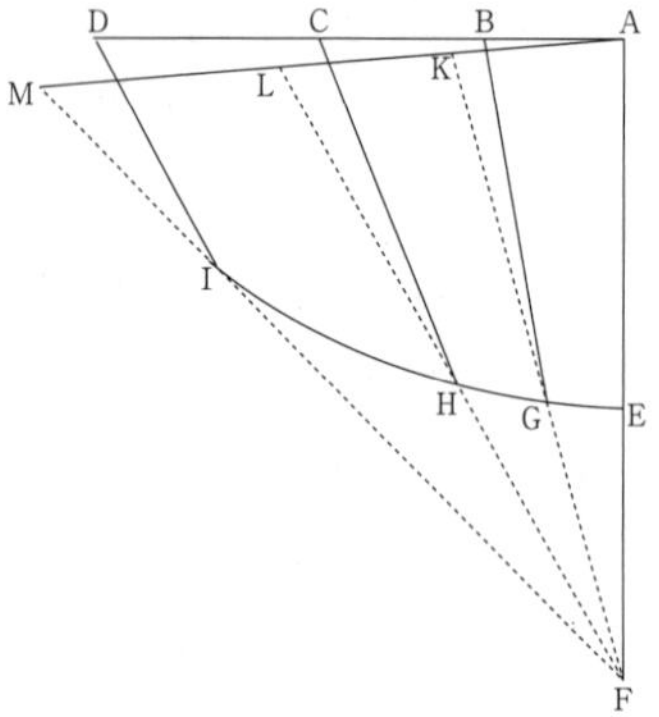

図Ⅶ―3

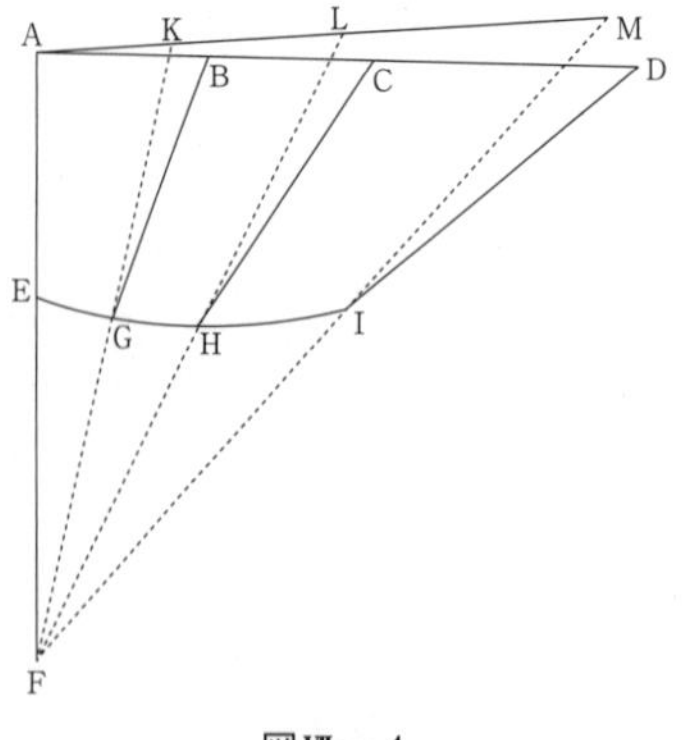

図Ⅶ―4

れ光線ＧＢ、ＨＣ、ＩＤに長さの等しい線分ＧＫ、ＨＬ、ＩＭをとれば、対象の見かけの場所はＡＭであろうし、目にはこのＡＭのほうがＡＤよりも近くなるであろう。

五　同　前

同様に、（図Ⅶ—４において）対象は稀薄なほうの、目は濃いほうの媒体中にあって、分離線は前節のように円の弧であると仮定されている場合、屈折の法則に従って作図を行なえば、対象の見かけの場所ＡＭは、目からはＡＤよりも遠くなることが見出されるであろう。

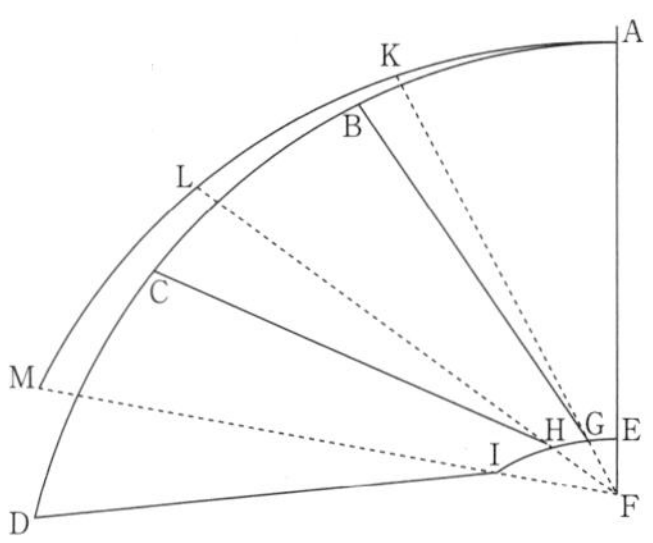

図Ⅶ—５

六　同　前

さらに、（図Ⅶ—５において）ＡＤは円の弧であって、これが対象でもあり、さらに分離線ＩＥもまた円の弧であって、対象ＡＤは稀薄なほうの、目Ｆは濃いほうの媒体中にあると仮定されている場合、対象ＡＤの見かけの場所は、目からの距離がＡＤよりも遠いＡＭであろう。そしてそれゆえ点Ｄは、対象Ｄ自身よりも地平線の上に高く持ち上がった点Ｍにあるように見えることになるであろう。そしてただこれだけの原因により、もしＩＥのところに何かある濃い雲があるとすれば、この雲ＩＥにおける屈折のせいで、日の出以前に日が昇ったように見えることになるであろう。

さらに、（図Ⅶ—5(2)において）対象ADが長さの等しい三つの部分AB、BC、CDへと分割されていると仮定すれば、頂点に近い部分ABは頂点から遠い部分BCよりも小さく現出するであろうし、BCはCDよりも小さく現出するであろう。すなわち、AKはKLよりも小さく、KLはLMよりも小さいであろう。なぜなら、光線はその傾きが大きくなるほど大きく屈折し、それゆえ反射角も屈折角も大きくなるからである。

七　なぜ天体は、天頂にあるときよりも地平線に近いときのほうが大きく現出するのか

太陽や月やその他の星は、なぜ天頂にあるときよりも地平線に近いときのほうが大きく見えるのか、ということが問題とされてきた。多くの人々はこのことの原因を、地面からある一定の距離までの空気のほうが、そこから天体までの残りの空気よりも濃い、ということのせいにしている。これではまるで、大気と呼ばれるある比較的濃い空気の圏の外面で、光の屈折が生じたかのようである。しかし、このような屈折がいかにして生じうるのかを理解することは困難である。なるほど私は次のことはよくわかる。それは、私たちの空気は天の空気よりも純度が低い、すなわち、陸地や海から生じて散在している非常に高濃度の蒸気によっていたる所で満たされている（この蒸気は土の極微部分か、もしくは極微の水滴にほかならない）、ということ、そして地面に近くなればなるほど、空気の純度は常にますます低くなること、けれどもこの不純さは、そういう小滴がすべて互いに接触し合っている場合以外は屈折を引き起こさず、ただ光の作用を弱くするだけであること、しかも対象は、通常の場所以外のところに見えることは決してなく、明るさを減じて見えるのであって、これはどんな対象でも濃い塵埃の散在している空気を通して眺め手の目に触れる場合にそう見

えるとおりであるということ、これらのことである。しかしそれでもなお私は、右のような微小な塵埃をただよわせている空気自体が、場所によって濃いところがあったり薄いところがあったりする、などということは理解できない。それゆえ、「場所によって濃度差のあるこのような大気が与えられたとすれば、そのことから、天体は地平線に近づくにつれて大きく現出するようになる、ということが帰結するであろう」ということが、たとえ前節からして必然的であるとしても、しかし大気はこの現象の原因ではありえない。その理由は第一に、大気中ではいかなる屈折も生じないからであり、第二に、仮に大気がこの現象の原因であるとしたら、太陽は地平線上にあるときのほうが子午線の下にあるときよりも大きな視角の下で見えることになり、それゆえにまた日の出と日没のときのほうが南中しているときよりも、太陽の生じさせる影の幅は小さくなることにもなるであろうが、これは碩学ガッサンディ[3]が行なって「低い太陽と高い太陽」という書簡の中で述べている実験に反しているからである。さらに、何かあるものが屈折のせいで、屈折のないときよりも大きく見える場合には、屈折しているときのほうが屈折のないときよりも常に大きな視角の下で見られている。たとえば、(図Ⅶ―5において) ML、KAをそれぞれ像とする対象DC、BAの長さは等しいのに、角LFMは角KFAよりも大きいようにである。そして、同じ碩学ガッサンディが行なって、その覚え書き

(2) 底本ではここの図の番号が3となっているが、誤りであることは明らかなので、訳文では訂正した。

(3) フランスの哲学者・科学者(一五九二〜一六五五)。原子論と地動説を支持し、デカルトの論敵として知られる。

の中で述べたことであるが、同一の鉛直円周上に位置していて地平線からの高さが異なる二つの恒星がどのような視角の下で見えるかを、正確に観察した人が誰かいれば、その人はガッサンディが見出したのと同じことを、すなわち、この二つの恒星は地平線からいっそう高く上がるにつれて、常に大きさを増してゆく視角の下に見えるということを、見出すであろう。このことは、右のような大気中には全然いかなる屈折もないということの論証と同然であって、その理由は次のとおりである。（図Ⅶ—6の）点Gを地球の中心と定め、地球の表面に目Fがあるとし、また同じGを中心として二つの円を描き、そのうちの一つ——これをEHとしよう——は大気の最も外側の面に含まれ、もう一つの円ADは、二つの恒星が有するように見えている距離だけ目から離れているとしよう。またFDは地平線で、弧ADは直線FB、FCによって三等分されているとしよう。角AFBは角BFCよりも大きく、さらに角BFCは角DFCよりも大きいこと、しかも全然いかなる屈折もなしにそうなることは、明らかである。それゆえ、天体が地平線上にあるときに、地平線より上の方にあるときよりも大きく見えることの原因は、ほかに求めなければならない。

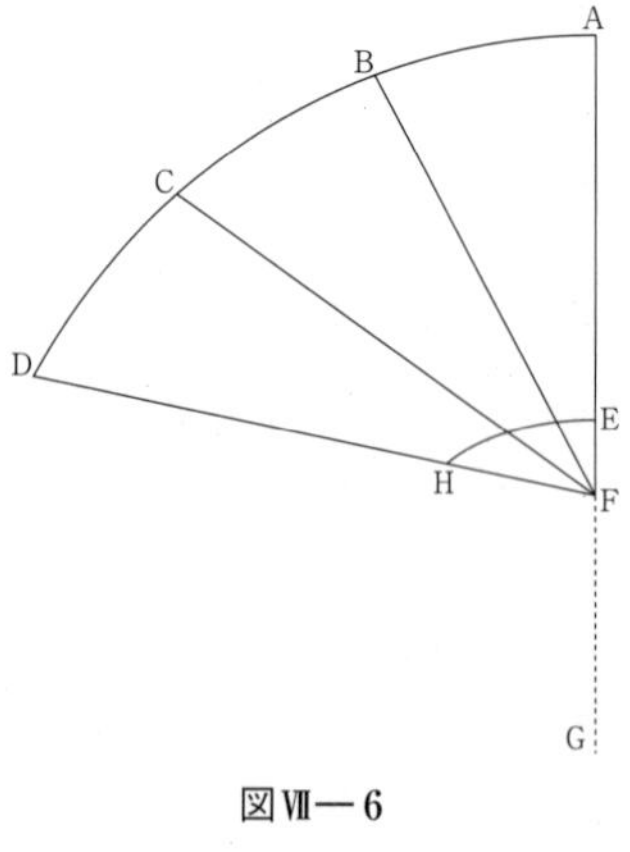

図Ⅶ—6

八　同　前

それゆえ、大気は等質の物体ではなく、水や地面から立ち上った小さな水滴や塵埃を散在させている、とみなそう。濃淡さまざまな霧はそういう散在物体である。

いま、あらゆる天体は、地球にごく近いものでごく遠いものも同じように、一般に天空と呼ばれる青い一つの面の上に現出し、その結果、ある天体の私たちからの距離が他の天体のそれよりも大きいかどうかを、それらの天体の大きさと、それらが私たちの目に作用する力とを考慮することなしに、直観のみによって決めることはできないのであるから、(図Ⅶ—6において) 弧ADをこの天空面とみなすことにし、また大気の弧はEHであるとして、この両方の弧の中心をGとしよう。目はF、地平線はFDであるとしよう。いま、ADを点Bと点Cで三等分すれば、角AFBは角BFCよりも大きく、角BFCは角CFDよりも大きいから、仮に角DFAを互いに等しい三つの部分へと分割したとすれば、弧DCは弧CBよりも長くなり、弧CBは弧BAよりも長くなるであろう。そしてそれゆえ、地球の表面上のたとえばFに位置している目から見て天空面上にあるように見える天体は、等しい視角の下で屈折なしに見られれば、地平線よりも高く上ればほど大きく現出するであろうし、より大きく現出するがゆえにまた、かなり柔かくなったように、つまり光が穏やかになったようにも現出するであろう。ただしとくに月の場合は、いっそう赤みを増すのであるが、これは既述の土と水の小物体が大気中に散在していて、それらが視軸のまわりの側方からそれら自身のうちへと受け取った太陽光線を目に向かって反射するせいである。それによって視軸以外の他の可視光線が引き起こされ、その終端が月の見かけの表面に達し、それによって月の光が、赤い色の生じる仕方と先に言われたような仕方で乱されるのである。太陽の場合はその光が強大なために、この現象はわかりにくい。

九　晴れた寒い夜には、暖かい夜よりも多くの恒星が見えるのはなぜか

さらに、晴天の寒い夜には他の時よりも多数の恒星が現出する原因は、次のようなことである。空気が晴朗なときには、星の作用はそれに対するいかなる妨害もないような媒体をつうじて行なわれる。なぜなら、空気の晴朗さが失われるのは、地面から立ち上る蒸気――これは日中に起こる――か、もしくは落下する蒸気――これは生暖かい夜に起こる――かの、いずれかによってだからである。このことだけが晴朗さを妨げ、また光の照らす作用を妨げているのである。それゆえ、星の作用が通常よりも強いときに、星が他の場合よりも大きく見えるだけでなく、晴天の度合が低いときには見ることのできない星が感覚され見えもする、ということは必然的である。

第八章　二度の屈折の後でのものの見え方について、すなわち球面状の凸レンズまたは凹レンズを用いた一般的な視力補正具について

一　古代の人々には視力補正具は知られていなかった

両眼の補強具、すなわち裸眼では対象の見分けが判明にはつきにくくなる人々が今日使用しているガラス製の球状面体は、ギリシア人にせよラテン人にせよ、古代人には知られていなかったように思われる。なぜなら、それの使用についての古代人による記述は何も見出されないからである。反対に、老いたプラウトゥス(1)は文字がかすんで見えにくくなったと嘆いているが、私たちのこの両眼補強具が当時知られていたなら、こんな嘆きは必要なかったであろう。そういう意味で、虫眼鏡・眼鏡・視力補正具は、現今の人々によってしか決して使用されたことがない。ところで、私たちが眼鏡というのは、光線が目の表面に達する以前にそれを通過し、その際にそれの表裏両面において何らかの仕方で屈折するような、ガラス製の球状面体のことである。光線が目の表面に達する以前に、というのは、視軸以外のあらゆる光線は、既に明示したように、目そのものの内部で三度、すなわち前房水・水晶体・ガラス体という三つの液において、屈折するからである。

(1) 共和制時代のローマの劇作家（前二五四?〜前一八四）。

二　凸レンズの視力補正具を通過して屈折した光線が、発光点からの垂直光線と交わる点は、発光点が視力補正具に近いほど、視力補正具の裏側の面から遠くなる

直線が眼鏡と垂直に交わるものとし、また眼鏡の表の面は球状凸面、これに対して裏面は球状凸面もしくは平面であるとして、右の直線上に発光点をとり、その光線はこの視力補正具の表の面のどこでもよいから一点に入射してそこで屈折し、屈折後の光線の延長線は同じ右の直線と視力補正具の裏側で交わるとするならば、この同じ垂線の任意の一点から発して視力補正具の同一点において屈折した光線が、視力補正具の裏側でこの同じ垂線と交わる点は、発光点が視力補正具から遠いほど、視力補正具に近くなるであろう。

（図Ⅷ―1において）直線CDは視力補正具ABと、EとFにおいて垂直に交わるものとし、また直線CD上に点Gをとって、そこから発する光線GHが視力補正具の前側の面にHで入射するとしよう。またGHは最初の屈折でIの方へ向かい、IからはMの方へ向かうとしよう。さらに、視力補正具からの距離がGよりも遠い他の点Cをとり、Cから発する光線CHは屈折してLの方へ向かい、LからはDの方へ向かうとしよう。私は、点Dは視力補正具に対して、点Mよりも近い、と言う。

理由は次のとおりである。GH、CHはHで出会うので、光線CHの屈折光線は光線GHの屈折光線と垂線CDとの間に入るであろう。なぜなら、視力補正具の内部でもその前後でも、CH、GH両光線の屈折は同一媒体内で生じるからである。したがっ

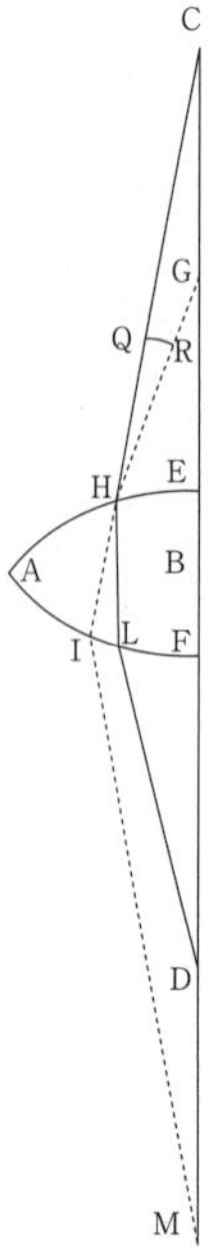

図Ⅷ―1

て、光線ＬＤはＭとＦとの間で垂線ＣＤと交わるであろう。それゆえ、点Ｄは視力補正具に対して、点Ｍよりも近い。証明終り。

さらに、次のことに注意しなければならない。すなわち、線ＧＨＩＭが位置に関して決定され、かつＥＣ、ＦＭが等しい長さになるように点Ｃがとられるならば、Ｃから視力補正具の前側の面へと引かれた光線は、後側の面の上の点Ｉから垂線へと引かれた屈折線に等しい長さになるであろうということ、言いかえれば、ＣＨ、ＩＭは等しい長さであること、同様に、ＧＨ、ＬＤも等しい長さであることである。さらに、屈折した光線の、視力補正具そのものの内部にある部分同士は、長さが等しく、かつ互いに交わるであろう。なぜなら、同一の媒体による屈折は、どちらの端から他方の端へ向かって生じても同一の線に沿うからである。

系　所与の対象内の発光点が垂線ＣＤに近いほど、すなわち、発光点から視力補正具に入射する光線の傾斜がきつくなるほど、この光線が同じＣＤに再び交わる以前に進む距離は長くなる。このことは、光線ＲＨがＣＤと交わるのがＭにおいてであるのに対して、光線ＱＨがＣＤと交わるのはＤにおいてである、ということから明らかである。このことから一般に、凸レンズの視力補正具に対して光線が直立しているほど、あるいは直立を越えてさらに後ろへ傾いているほど、屈折した光線は視力補正具の裏側で垂線と出会いやすくなる、と述べることができる。それゆえにまた、視軸の同じ点から進行してくるあらゆる光線が網膜上で占めるスペースは、見られている点が遠くなるほど小さくなる。

三　凹レンズの視力補正具を通って屈折したさいに垂線から離れてゆく度合は、近くの点からの光線のほうが遠くの点からの光線よりも大きい

直線が視力補正具に垂直に交わるものとし、また視力補正具の表の面は球状凹面、これに対して裏の面は球状凹面もしくは平面であるとして、この直線上に発光点をとり、その光線が視力補正具のどこでもよいから一点に入射してそこで屈折し、視力補正具の裏側でこの同じ直線から離れてゆくとするならば、この同じ垂線の任意の一点から発して視力補正具の同一点において屈折した光線が、その屈折後にこの同じ垂線から離れてゆく度合は、発光点が視力補正具から遠いほど小さくなるであろう。

（図Ⅷ—2において）視力補正具ＡＢは直線ＣＤと、ＥとＦにおいて垂直に交わるものとし、また直線ＣＤ上に点Ｇをとって、そこから発する光線ＧＨが視力補正具の前側の面にＨで入射し、屈折してＩの方へ向かい、Ｉからはの方へ向かうとしよう。また同じＣＤ上に、視力補正具からの距離がＧよりも遠い他の点Ｃをとり、Ｃから発する光線ＣＨは視力補正具の前後両面で屈折して、ＬＭに沿って進み続けるとしよう。私は、ＬＭはＩＮと垂線ＣＤの間を通る、と言う。なぜなら、ＣＨとＧＨはＨにおいて互いに交わるので、ＨＬはＨＩの内側に、またＬＭはＩＮの内側にくるであろうから。それゆえ、ＬＭはＩＮよりも、垂線ＣＤから離れてゆく度合が小さい。証明終り。

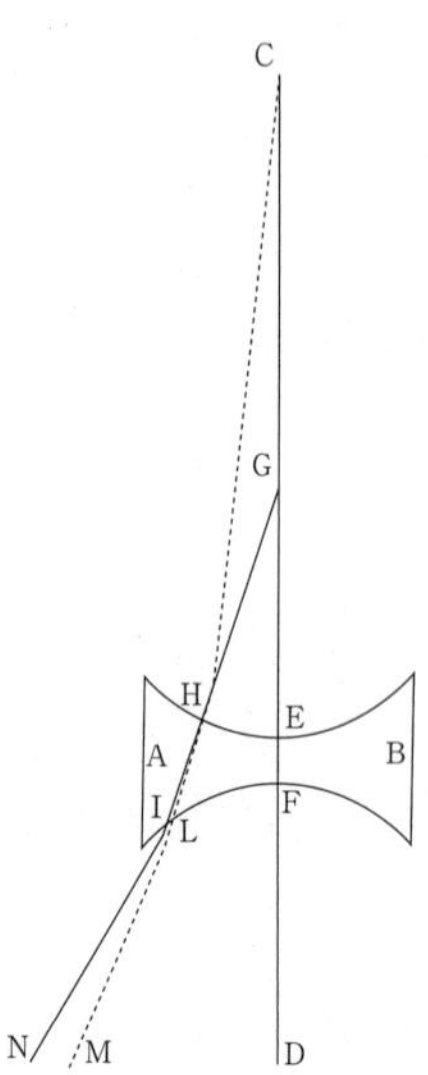

図Ⅷ—2

四　凸レンズの視力補正具が老人にとって役に立つ理由

既述の諸点から、球状凸面レンズの視力補正具が、次のような原因のせいで視覚の混淆している人々に特有の両眼補強具であることの理由は、明らかであるように思われる。すなわち、とりわけ瞳孔の周縁部を通過する光線がそうであるような、対象の任意の点からきて目の表面に斜めに入射する光線の、視軸の同じ側から網膜に入射する位置が、判明な視覚の本性の要求する位置に比べて、視軸から遠すぎるという原因である。なぜかというと、この種の視力補正具は、目と対象との間に適切な仕方で置かれると、どの点からくる光線も目の表面に対して直角に当たるようにし、それゆえに視軸の周囲の比較的狭い網膜のスペースに入射するようにするので、このことによって対象の物理的一点に対して網膜上のただ一つの物理的点が対応するようになり、この網膜上の点から網膜球の中心を通る直線を引けば、これがこの対象の一点のただ一つの視覚線となるからである。

五　凹レンズの視力補正具が近眼の人々にとって役に立つ理由

同様に、凹レンズの視力補正具が、近眼の人々（過度の屈折のせいで、対象の一点から目の表面に入射する光線が網膜よりも手前で視軸と交わり、その反対側で網膜上の広すぎるスペースを占めてしまうような人々）に特有の補強具である理由も明らかである。この視力補正具は、目と対象との間の適切な位置に置かれると、斜めの光線が目の表面に入射するさいの傾斜がさらに大きくなるようにする。その結果、この同じ光線が屈折してから視軸と交わる位置はもっと遠くになり、この光線が網膜上で占めるスペースは再び狭くなるのである。

ここで注意しなければならないのは、老人を悩ます目の欠陥が大抵は瞳孔の過度の拡張に存するということである。なぜなら老人は、瞳孔よりも小さい何かある穴を通して対象を眺めさえすれば、それによって瞳孔の周縁部に入射する光線同士が再び交わるということが起こるので、視力補正具がなくても十分判明に対象を見るからである。

六　球状凸面レンズの視力補正具による像の場所

光線が視力補正具に達する以前に視軸と交わらないかぎりは、じかに見た場合の消点が与えられれば、凸レンズの視力補正具を通して見られた対象の見かけの場所も与えられるであろう。

（図Ⅷ―3において）凸レンズの視力補正具はＡＢ、網膜球の中心はＣ、対象はＤＥであるとしよう。さらに、点Ｄは直線ＣＦ上にあり、この直線は視力補正具の前後両面に垂直に入射し、その入射する点はＨとＩであるとしよう。また点Ｆは、じかに見た場合の消点であるとしよう。光線ＥＧを引き、これが屈折の法則に従って〔Ｇで〕屈折してＫに向かい、ＫからはＣに向かうものとしよう。さらに線分ＣＫを、ＤＥの延長線と交わるまで延長し、この交わる点をＭとし、この延長された線ＤＭに長さが等しくかつ平行になるように、線分ＣＬをとろう。さらにＬとＦを直線で結び、このＬＦが視覚線

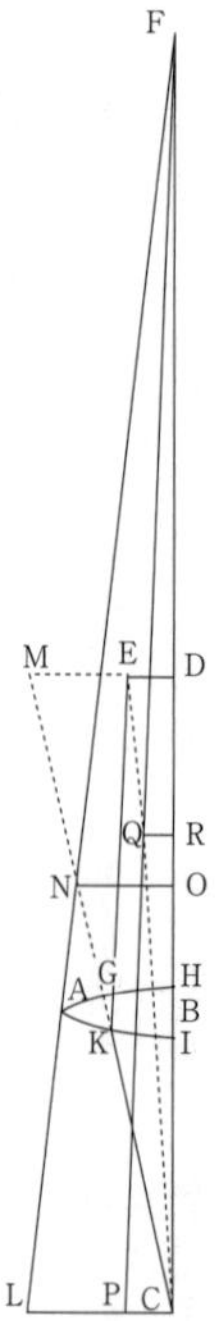

図Ⅷ―3

CMと交わる点をNとし、NOをMD[2]そのものと平行になるようにしよう。私は、対象DEは凸レンズの視力補正具ABを通して見られた場合、ON上に現出するであろう、と言う。

理由は以下のとおりである。点Eは視覚線CK上に、点Dは視軸FC上にあるように見えるであろう。さらに、対象はDMであって、じかに見た場合には視角DCMの下に見えた、と仮定すれば、DMはON上に現出するであろう。しかるに、対象DEは視力補正具ABを通して見た場合も、同じ視角DCMすなわちOCMの下では、目Cから同一の距離にあるように見える。それゆえ、DEは視力補正具ABを通して見ても、同じON上にあるように見えるであろう。なぜなら、同一距離から同一視角の下で見た場合のものの見かけの姿は、同一の場所に現出するからである。それゆえ、本節冒頭の条件の下では、じかに見た場合の消点が与えられれば、凸レンズの視力補正具を通して見られた対象の見かけの場所も与えられる。証明終り。

系　同一の対象は、裸眼で見た場合よりも凸レンズの視力補正具を通して見た場合のほうが大きく、かつ近くに現出する。なぜなら、直線CEを引き、DEに平行な直線CPをCL上にとり、またPとFとを直線で結んで、この直線PFがCEと交わる点をQとすれば、EDはQR上にある裸眼に対してはNOより小さく現出するであろうし、またNOのほうがEDよりも目に近いであろうから。

対象と視力補正具と目がⅧ―3の図中のように配置されていて、なおかつ視覚が判明である、すなわち、

(2)　底本原文ではNDとなっているが、これはありえないのでMDの誤りと解した。

Eからきて視力補正具に入射するすべての光線がほかならぬ網膜面上で視軸FCの延長線に十分近くまで接近する、ということが起こっているとした場合に、対象かもしくは視力補正具を他の場所へ動かして、対象と視力補正具の間の距離は変わるが視力補正具と目の間の距離は変わらないようにするか、もしくは視力補正具と目の間の距離は変わるが対象と視力補正具の間の距離は変わらないようにするならば、視覚は混淆させられるであろう。なぜなら、諸々の視覚線が網膜上の別の点に入射するようになり、網膜の向こう側か手前側の遠すぎるところで視軸と交わるようになるからであって、手前側になるのは対象が近づけられた場合であり、向こう側になるのは遠ざけられた場合である。それゆえ、目と視力補正具の間の距離CIを保ちつつ、対象EDを視力補正具からもっと遠ざけたならば、対象はじかに見た場合のようにもっと小さく遠くに現出するばかりでなく、遠ざけられるにつれてますます混淆して現出するようにもなるであろう。これはすなわち、同一の点が同時に複数の視覚線上に見えることによるのである。

さらに、視力補正具を目から遠ざけながら、対象のほうは元の場所に留めておくならば、ある一点から、たとえばEから進んでくる何本かの光線が、他の点から、たとえばDからくる何本かの光線の入射するのと同じ諸点で、網膜に入射するということが起こる。それゆえ、再び視覚は混淆したものとなるであろう。これはすなわち、二つもしくはそれ以上の複数の点が同一の視覚線上に見えることによるのである。

さらに、視覚を右のようにして可能なかぎり最大限に混淆させた後、対象を視力補正具からさらにもっと遠ざけると、対象は遠ざかるにつれて再び判明に見えるようになってゆき、しまいには、なるほど倒立像にはなるが、きわめて判明に見えるようになるであろう。この点については次節でもっと明確に説明することにする。

七　凸レンズの視力補正具を通して見た倒立像の場所

凸レンズの視力補正具を通して倒立像で見られた対象の見かけの場所は、じかに見た場合のこの同じ対象の見かけの場所が与えられさえすれば見出すことができる。

（図Ⅷ―4において）網膜球の中心はＡ、視力補正具はＢＣであるとし、視力補正具の前後両面に視軸ＡＤが交わる点をＥおよびＦとしよう。Ａから視力補正具の面ＢＦＣへ、どんな仕方でもよいから直線を引いてこれをＡＧとしよう。そしてＡＧは屈折の法則に従って屈折して面ＢＥＣの方へ向かい、Ｈでこの面にぶつかり、再び屈折してＨＩに沿って進むとしよう。同様に、面ＢＦＣへどんな仕方でもよいからＡＧとは別の直線ＡＫを引こう。そしてＡＫは屈折して面ＢＥＣ上の点Ｌへと向かい、ＬからはＬＮに沿って進むとしよう。また、Ｉから直線ＩＮを引き、これがＯでＡＤと直交し、かつＮでＬＮと交わるとしよう。そしてＯＮ

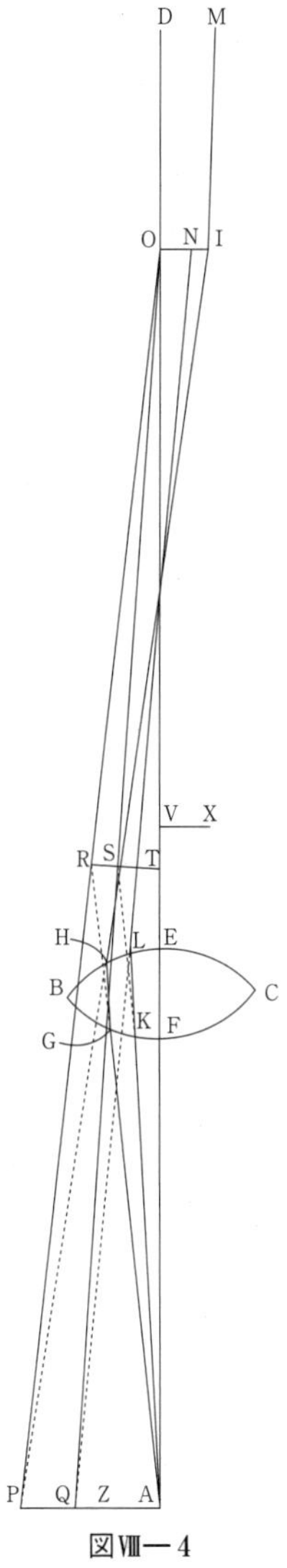

図Ⅷ―4

ＩＨが対象そのものであると考えよう。さらにＩＨを、対象ＯＩに平行な直線ＡＰとＰで出会うまで延長し、またＮＬを、同じＡＰとＱで出会うまで延長しよう。最後にＡＧとＡＫを、ＡＧはＰＯとＲで、ＡＫはＱＯとＳで出会うまで延長しよう。私は次のように言う。すなわち、線分ＲＳを引いて、これを視軸まで延長し、ＲＳと視軸の出会う点をＴとすれば、この直線ＲＳＴが対象ＯＮＩの像である、ということはつまり、点ＯはＴに、点ＮはＳに、点ＩはＲに現出する、と。

しかし証明にとりかかる前に、この種の視覚に関して物事の明晰な説明のために注意しなければならない点を、予め述べておこう。

注意しなければならない点の第一は、対象ＯＩのいかなる点からの光線も、ＥＢ側からでは点Ａに到達できずＥＣ側からのみ到達できるほどに、ＯＩを視力補正具に近いところに、たとえば線分ＶＸ上に置いたとすれば、その像は倒立せず、自然な体勢で現出することになろう、ということである。

第二に、ＶＸが徐々に視力補正具から遠ざけられるとしたら、その像の混淆もしだいに大きくなるであろう。理由は次のとおりである。ＶＸの一点が二本の光線ＩＨ、ＮＬの交点に当たるとした場合、この点は視覚線ＡＲとＡＳの両方の上に現出するであろう。それゆえこの点は同時に二つの場所にあるように見えることになるが、これすなわち混淆である。しかもこれと同じことは、互いに近接しているどの二本の光線に関しても起こるであろう。そして、ほとんどすべての光線がすべての光線と交わるので、対象のあらゆる点があらゆる視覚線上に現出することは必定であるが、そのような混淆は非常に大きなものとなるであろう。これは前節で私の指摘したことであるが、本節では図そのものから明らかである。

第三に、対象が視力補正具からさらに遠ざけられ、対象のいかなる点からの光線もECの側からはAに到達できないほどになるとしたら、ということはつまり、同じ視力補正具を通して倒立せずに見える場合の消点である点の向こう側へと遠ざけられるとき、対象の像ははじめて倒立して見え、かつ判明に見えるであろう。

それゆえ、対象ONIの像が倒立していてなおかつ判明に見えることが可能なほど、この対象が視力補正具から遠ざけられたと仮定しよう。いま、右の諸点に注意しつつ、対象ONIの像がRSTであることを示さなければならない。

対象OIが平行線OD、IMの間にあって際限なく動くと考えよう。そうすると、点IがMにあるときには、Mからの光線、すなわち屈折してAへと向かい、それによって視覚が生じるはずの光線は、Eに対して点Hよりも近い点でBEに入射するであろうし、点Iが遠ざかるほど、この点の光線は常にEに近づいてゆく。それゆえ、対象OIが常に遠ざかってゆくとすれば、末端Iからくる光線が視軸DAとなす角は常に小さくなってゆくであろうし、対象が遠ざかるほど、この光線が視軸と交わる点はOに近くなる。それゆえ、Oからの光線とIからの光線が互いに交わるさいの角は、点Oそのものにおいて消失するであろう。なぜなら、視軸が対象ONのどこかある点から進んでくる光線とそこで交わらないようないかなる点も、OとFの間にはないからである。それゆえ、ODが既述のような仕方で遠ざかった対象まで延長されたとして、このOD上に目があるとした場合、ほかならぬOI上に置かれた対象の視覚が消失することになるであろう点は、Oである。したがって、ODが十分に延長されているかぎり、OはOD上に位置する目に関する消点である。ただしこれは、いかなる視力補正具も間に置かずにじかに見たと解した場合のことである。また、もし本当にそのような遠ざけられた対象のさまざまな点からOへと任意の直線を引いて、なおかつこれらを延長したとすれば、同じ点OはAに位置する目に関する消点でもあるだろう。ただしこれも、いかなる視力補正具も間に置かれていないとしたならばの話である。

しかし、視力補正具BCを置き、光線IHをまっすぐに延長してAPとPで出会うようにすれば、視力補正具で屈折するせいでAPはOIよりも長くなる。それゆえ、じかに見た場合に対象OIに等しい長さの直線たとえばAZをAP上にとることによって、視力補正具を通して倒立像を見た場合にはAPそのものがとられる。したがって線分POを引けば、点IはPO上のどこかにあるように見えるであろう。なぜなら、対象OIが平行線OD、IMの間にあって視力補正具から必要なだけ遠ざけられると考えれば、光線IHと軸DAが交点において作る角は常に小さくなってゆき、したがって視角も常に小さくなっていって、ついには点Oにおいて完全に感知不能となるに至るが、これはすなわち直線IHと直線OFが重なって一つになることによってである。それゆえ、点Iは常に直線PO上にあるように見えるであろうが、しかしその同じ点Iが常に視覚線AG上にあるようにも見える。それゆえ点Iは交点Rにあるように見えるであろう。同様に、NLを直線APとQで出会うまで延長し、またQOを引けば、右と同じ理由により、点NはQOとAKの延長線の交点に現出するであろう。しかるに、視軸は屈折しないので、点Oは視軸上に見えるであろう。したがって、ONIの全体はRST上に倒立して現出するであろう。それゆえ、凸レンズの視力補正具を通して見た倒立像の場所は見出された。そしてこれがなされるべきことであった。

八　球状凹面レンズの視力補正具を通して見た倒立像の場所

じかに見た場合の消点が与えられれば、球状凹面レンズの視力補正具を通して見た対象の見かけの場所も与えられるであろう。

（図Ⅷ―5において）球状凹面レンズの視力補正具はＡＢ、網膜球の中心はＣ、対象はＤＥであるとしよう。また、点Ｄは視軸ＣＦ上にあり、ＣＦはＨとＩにおいて視力補正具の前後両面と直交するとしよう。そして、点Ｆはじかに見た場合の消点であるとしよう。光線ＥＧを引き、これが屈折の法則に従って屈折してＫへと向かい、ＫからはＣへと向かうとしよう。視覚線ＣＫを対象ＤＥと出会うまで延長して、その出会う点をＬとし、線分ＣＭに平行で長さの等しい直線ＤＬをとろう。次に線分ＭＦを引き、これが視覚線ＣＫの延

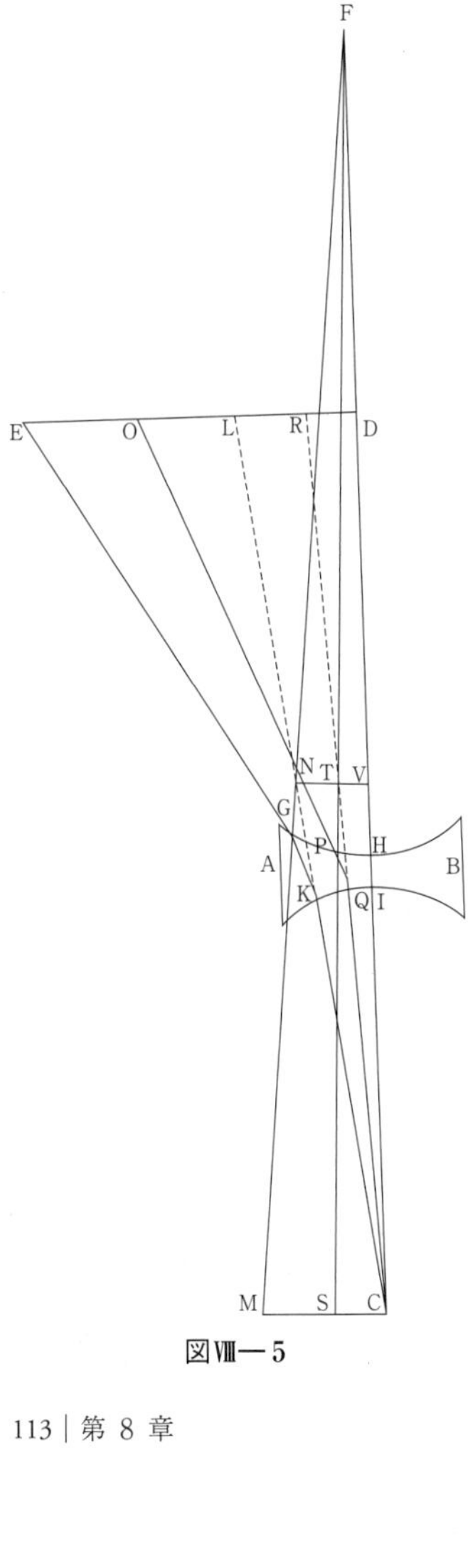

図Ⅷ―5

長線と交わる点をNとしよう。さらに、対象のどこでもよいから他の点Oをとり、Oからくる光線OPはPで屈折してQへと向かい、Qからはさらに Cへと向かうとしよう。また、視覚線CQを対象DEと出会うまで延長し、その出会う点をRとしよう。次いで直線DRに等しい長さの線分CSをとり、線分SFを引いて、SFが視覚線CRと交わる点をTとしよう。最後に、線分NTを引いて、これを視軸と出会うまで延長し、この出会う点をVとすれば、点EはNに、点OはTに、対象DEの全体はNVに現出するであろう、と私は言う。

理由は次のとおりである。仮にDLがじかに見られている対象であるとすると、それはVNに現出するであろう。そこでたとえば、Fが消点で、DL、MCの長さは等しいと仮定しよう。そしてそれゆえに、点LはNに、点Dは軸上の点Vにあるように見えるとしよう。しかるに、DEは視力補正具を通して見ると、DLを視力補正具なしに見る場合の視角と同じ視角の下で見え、また対象DE、DLは目から同一の距離にある。それゆえ、視力補正具を通して見たDEと、視力補正具なしで見たDLとは、同じ場所にあるように見える。しかるに、視力補正具なしで見たDLはVNにあるように見える。それゆえ、視力補正具を通して見たDEもまたVNにあるように見えるであろう。同じ理屈により、DOはVTに現出することが示される。なぜなら、視覚線CQ上に点Rがあるものとして、CSを直線DRに等しい長さにとっているからである。それゆえ、消点Fが与えられれば、視力補正具を通して見た対象DEの見かけの場所すなわちVTNが与えられる。これが予告されたことであった。

系　右のことから、凹レンズの視力補正具を通して見た対象の見かけの場所は、じかに見た場合のそれよりも小さいことが明らかである。

九　外心すなわち外焦点に目があるような双曲面体レンズの視力補正具を通して見た像の場所

視力補正具が正双曲面体で、その外心が網膜球の中心にあるとすれば、対象は視力補正具の底面から遠ざかるほど、混淆の度を増してしかも暗く現出するであろう。これに対して、対象の見かけの場所は常に同じで、底面付近であろう。

理由は次のとおりである。（図Ⅷ―6において）双曲面体はＡＢＣであるとし、その外心はＤで、網膜球の中心そのものにあるとしよう。また、対象ＥＦは双曲面体の底面上に位置しているとしよう。さらに、ＥとＦを通って視軸に平行な直線ＧＨ、ＩＫを引き、これらが双曲錐の面で屈折して、それぞれＨＤ、ＫＤに沿って進むとしよう。そしてＤＨ、ＤＫをそれぞれＬとＭまで延長し、ＨＬ、ＫＭがそれぞれＨＥ、ＫＦそのものに等しい長さになるようにしよう。そうすると、（第七章第一節により）点Ｅの見かけの場所はＬに、点ＦのそれはＭに、また対象ＥＦ全体の見かけの場所はＬＭにあるだろう。いま仮に、対象ＥＦが平行線ＥＧ、ＦＩの間にあって視力補正具から十分なだけ遠ざけられると考えるならば、ＥＦが見えるさいの

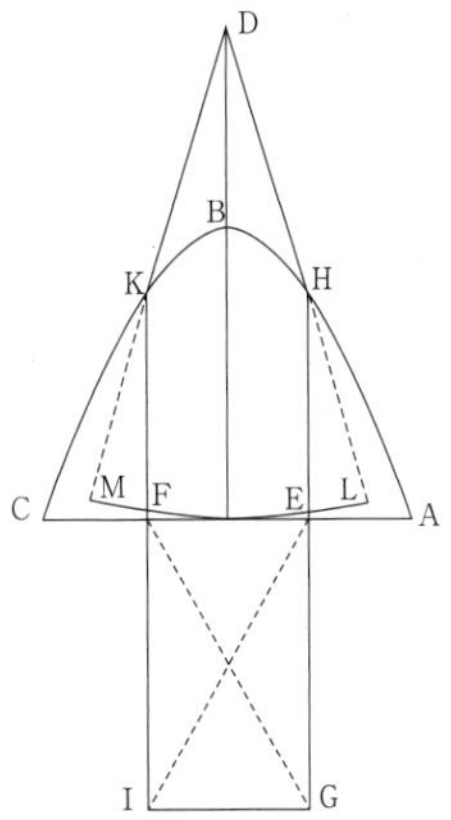

図Ⅷ―6

視角LDM——その頂点Dは網膜球の中心にあって視力補正具から[3]非常に遠いところに位置している——は消失する。また、対象のどの点からEFに入射する直線も、感覚上はすべて平行であり、かつ平面EFに対して垂直である。そこで、点Gと点IとがEFから等しい距離にあって、しかもこの距離が、角EGFと角FIEは感覚することができず、また直線GF、IEは面EFに対して感覚上は垂直になるような距離である、と仮定しよう。そうすると、この両直線は屈折してHDとKDに沿って網膜球の中心Dに向かうことになるであろうし、その結果、Gは視覚線DH上に見えるだけでなく、視覚線DK上にも見えることになるであろう。また同じ理由により、同じ対象の他のどのある一点も、同じ対象の他のどの点が見える視覚線とも同じ視覚線上に見えることになるであろうが、これはつまり混淆して見えるということであり、この混淆は距離が大きくなるほど大きくなる。これが第一の点である。さらに対象EFは、視力補正具の近くに置かれようと遠くに置かれようと一定の光を受け取る（なぜなら、平らなものは光を凝集することも弱めることもないから）ので、近くに位置するときの作用のほうが遠くからの作用よりも強いであろう。それゆえ、対象は遠くに置かれるほど、その分だけ明るさを減じて見えるであろう。これが第二の点である。最後に、対象EFはどんな距離にあっても、常に同一の視角HDKの下で、かつ同一の媒体を通して見えるので、また常にMDL上に見えもし、それゆえ常に同一の場所に見えるであろう。それゆえ、視力補正具が正双曲面体で、その外心が網膜球の中心にあるとすれば、本節冒頭の段落で述べたようになるであろう。これが示されるべきことであった。

ところで、私が右の考察を引き入れたのは、「何人もの人々が大いに苦労して双曲面レンズの視力補正具

郵便はがき

料金受取人払郵便

左京支店
承認

1228

(差出有効期限
平成26年
3月31日まで)

606-8790

(受取人)
京都市左京区吉田近衛町69
京都大学吉田南構内

京都大学学術出版会
読者カード係 行

▶ご購入申込書

書　名	定　価	冊　数
		冊
		冊

1．下記書店での受け取りを希望する。

都道　　　市区　店
府県　　　町　　名

2．直接裏面住所へ届けて下さい。

お支払い方法：郵便振替／代引　　公費書類(　　)通　宛名：

送料　税込ご注文合計額3千円未満：200円／3千円以上6千円未満：300円／6千円以上1万円未満：400円／1万円以上：無料
代引の場合は金額にかかわらず一律200円

京都大学学術出版会
TEL 075-761-6182　学内内線2589 / FAX 075-761-6190または7193
URL http://www.kyoto-up.or.jp/　E-MAIL sales@kyoto-up.or.jp

手数ですがお買い上げいただいた本のタイトルをお書き下さい。

名）

本書についてのご感想・ご質問、その他ご意見など、ご自由にお書き下さい。

お名前

（　　歳）

ご住所

〒

TEL

ご職業	■ご勤務先・学校名

所属学会・研究団体

E-MAIL

ご購入の動機

A.店頭で現物をみて　B.新聞・雑誌広告（雑誌名　　　）
C.メルマガ・ML（　　　）
D.小会図書目録　E.小会からの新刊案内（DM）
F.書評（　　　）
G.人にすすめられた　H.テキスト　I.その他

日常的に参考にされている専門書（含 欧文書）の情報媒体は何ですか。

ご購入書店名

都道　　市区　　店
府県　　町　　名

※ご購読ありがとうございます。このカードは小会の図書およびブックフェア等催事ご案内のお届けのほか、広告・編集上の資料とさせていただきます。お手数ですがご記入の上、切手を貼らずにご投函下さい。
各種案内の受け取りを希望されない方は右に○印をおつけ下さい。　案内不要

を製作しているのは無駄なことであり、この形のレンズが望遠鏡やら顕微鏡やらに応用されてきたのは誤った思い込みのせいである」と自分が考えてしまいそうだから、という理由による。このような考えは真ではない。同じことが同じ理由により、楕円面レンズの視力補正具についても言える。もっとも、右に示したように、どれかをなしにするなら、この二つの形の視力補正具はあらゆる形のうちで、なしにするのに最も適しているではあろうが。

（3） 底本原文では「視力補正具と網膜球の中心から」（a dioptro et centro ratinae）となっているが、これでは文意が自己矛盾するので、「と網膜球の中心」（et centro ratinae）を衍句とみなし、これを削除して訳した。

第九章　二重にされた視力補正具、すなわち望遠鏡と顕微鏡について

一　視力補正具を通して見ると判明に見える理由について

目に見える最小の点が、自然の許容するかぎり最も判明に見えるのは、この点から瞳孔の両端に達する二本の光線が、網膜そのものの上で視軸と出会うような仕方で屈折する場合である。そして、同じ点からくるその他の光線は網膜に達する以前に視軸と交わることから、これらの光線は網膜面上のあちこちで点よりも大きな部分を囲い込み、そのせいで非常に小さな物理的点は決して判明には見分けることができない、ということが生じるけれども、しかし両端の光線が網膜上で視軸そのものと出会う場合には、他の場合よりも判明に見える。さらに、この両端の光線は大抵の場合、平行線との違いが感じられないほどしかないが、しかし本当は平行線ではありえず、目の諸部分の形と大きさと性質の違いに応じて平行に近かったりそうでなかったりする。これらのことにより、目の諸々の液における屈折は、ある液の場合はかなり大きいが、他のある液の場合は小さい、というのが常のことである。このことがもっとよく心底からわかるように、図Ⅸ―1を検討してみよう。

（図Ⅸ―1において）目はＡＢＣ、網膜球の中心はＤ、視軸はＮＣであるとしよう。瞳孔の両端Ａ、Ｂを通り越して、感覚上は平行な光線ＩＡ、ＫＢを引き、これらが屈折して網膜上の点Ｃに向かうとしよう。そうすると、目に見える点は、屈折しない光線ＮＣの力によってＡＩ、ＢＫの延長線同士が出会う点Ｎにあるよ

うに見えるだけでなく、〔第二章第二節によれば〕屈折した光線AC、BCの力によってほかならぬ視軸上にあるようにも見えるであろう。それゆえ、IA、KBよりも外側の光線は目に入らないのであるから、次のような光線によって生じる混淆以外にはいかなる混淆もないであろう。それはすなわち、AとBの間に入ってCの少し手前で視軸と交わり、かつ点Cの両側から網膜に入射し、それゆえ〔第二章第三節系一により〕たしかに混淆して見えるであろう諸光線である。この混淆は避けることのできないものであるが、A、Bより外側の他の諸光線も網膜に達してしまうとした場合よりは、小さな混淆である。なぜなら、非常に小さな点が識別できる、つまりそれを判明に見ることができるということは、一つの点からくるすべての光線が屈折してこれまた一つの点に向かう、ということが可能でなければ不可能であるが、こういうことは、今まで幾何学者たちが考察したことのある諸々の形のうちのいかなる形〔の視力補正具〕も実現することのできないことだからである。いま仮にIA、KBが感覚可能な角を生じるとすれば、瞳孔に入る諸光線は、あるものは点Cの一方の側から、他のあるものは他方の側から、感覚可能な仕方で網膜にぶつかるように屈折したであろう。それゆえこれらの光線のせいで、Nはひどく混淆して見えるであろう。そして、これらのことがそのとおりの状態になるのは、じかに見た場合である。こ

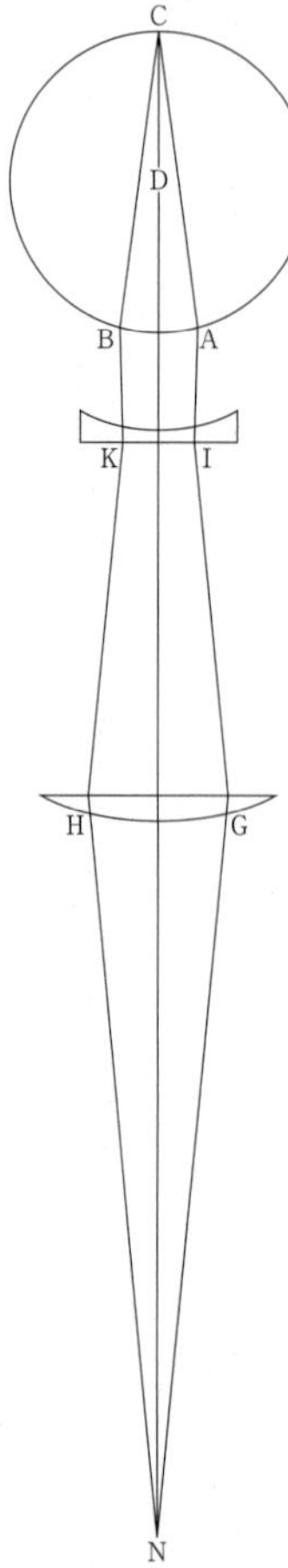

図Ⅸ—1

の場合、各人は対象の諸部分が十分大きければ、ほとんどあらゆる距離においてそれらを十分判明に見るが、近視の人々と老人とは別であって、近視の人々の場合は瞳孔が狭いために、視覚光線が点Cの手前で視軸と出会い、老人の場合は瞳孔が広いために、視覚光線が点Cの向こう側で視軸と出会う。それゆえ、判明に見たければ、老人の場合は両端の光線が短く凝縮されなければならず、近視の人々の場合は引き離されなければならないことは、必然的である。

二　同　前

望遠鏡の場合、判明に見るためには、両端の光線はじかに見た場合と同じでなければならない。さもないと、この両光線は視軸上で網膜と出会わなくなるであろうが、それらが視軸上で網膜と出会うことは、判明な視覚のためには必要なことである。望遠鏡は二つの視力補正具から成っているが、この二つの視力補正具同士の距離は次の二つのことによって決定されている。(1)対象に近いほうの視力補正具から対象までの距離によって、(2)二つの視力補正具そのものの形をなしている球の大きさによって。たとえば、(同じ図IX―1において)凹レンズの視力補正具はIKで、これがAI、BKとそれぞれ点I、Kで交わり、AI、BKは感覚上は平行であるが、しかしどこかで出会うものとしよう。いま、凹レンズの視力補正具の性質が要求するとおり、AIは屈折してIGに沿って視軸から離れてゆく方へと向かい、さらにこのIGは、凸レンズの視力補正具GHの性質が要求するとおり、屈折してGN――これはその末端の点Nが視軸そのものの上にあるような直線である――に沿うとしよう。屈折した光線NGIACが、また光線NHKBCも同様に、点Nを視軸そのものの上にあると見えるようにすることは、（第二章第二節により）明らかである。それゆえ、視力補正具と対象が距離と大きさに関して右に配置されたように決定されれば、判明な視覚が生じる。しかるに、視力補正具の位置はそのままで、点Nから瞳孔の両端へと向かう光線同士の作る角が感覚可能なかぎりにおいて、点Nが視力補正具の方へ近づけられるか、もしくは対象の位置はそのままで視力補正具同士の距離が変動するかした場合には、屈折を経た最後の光線はＩＡ、ＢＫではなくなるであろうということ、それゆえ屈折後に目の内部で点Ｃにぶつからないであろうということ、それゆえ判明に見えることは不可能であるということは、明らかである。

三　同　前

さらに、望遠鏡が両方とも凸レンズの視力補正具から成っている場合も、対象が判明に見える理由は右と同じである。

（図Ⅸ―２において）目はＡＢＣ、網膜球の中心はＤ、視軸はＮＤＣであるとしよう。そして瞳孔の両端に

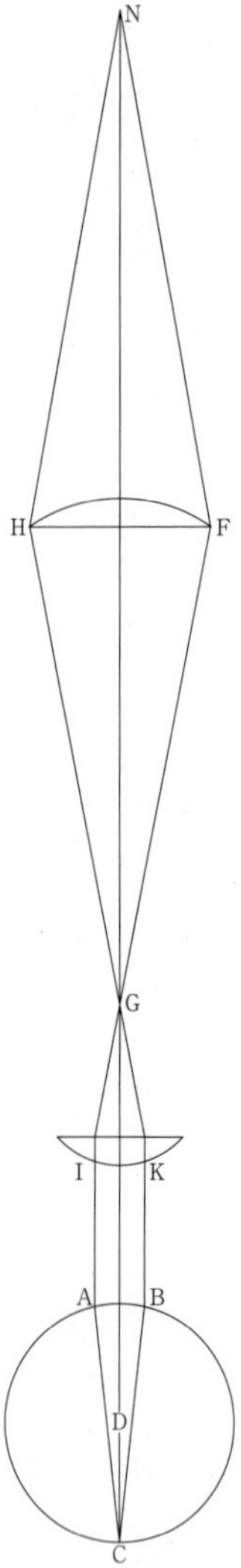

図Ⅸ―２

感覚上は平行な二本の光線AI、BKが入射するとしよう。また、視力補正具IKは凸レンズで、その中心はEであるとし、AIは視力補正具の性質に従って、屈折してIFに沿ってもう一つの視力補正具の一点Fへと向かうとしよう。同様に、光線BKは屈折してHへと向かうものとし、またIF、KHは視軸とGで交わるとしよう。最後に、IF、KHは屈折して、それぞれFN、HNに沿って視軸の方へと向かうとしよう。そうすると、つい先ほど明示した理由により、点Nは視軸NDC上に判明に見えるであろう。その理由は次のとおりである。Nを見えるようにしている光線すなわちNFIAC、NHKBCと、視軸NDCとは、点Cにおいて出会い、それゆえこの三本の光線に対応する視覚線は（第二章第二節により）視軸そのものであろう。それゆえ、点Nはただ視軸上にのみ現出するであろう、ということはつまり、点がそう見えることが自然によって許容されるかぎり、最も判明に見えるであろう。

四　望遠鏡において、目に接している視力補正具〔接眼レンズ〕は、その面を一部分とする球が小さくなるほど、その分だけ他方の視力補正具〔対物レンズ〕から遠ざけられなければならない

凹レンズの視力補正具は、その凹面を一部分とする球が小さくなるほど、対象を判明に見るためには、その分だけ凸レンズの視力補正具から遠く離れなければならない。

（図Ⅸ—3において）目はABC、網膜球の中心はD、視軸はNC、凹レンズの視力補正具はIKMP、その中心はL、凸レンズの視力補正具はGH、その中心はOであるとしよう。さらに、視軸上に置かれた対象Nは、光線NGIACによって判明に見えているとしよう。いま、視力補正具IKMPを取り除いて、それ

の凹面を一部分とする球よりも小さい、Ｖを中心とする球の一部分を凹面とする視力補正具ＩＫＱＲを、ＩＫＭＰのあった場所に代置し、直線ＶＴを引いて、これがＴでＡＩにぶつかるとしよう。そうすると、光線ＡＩの傾斜角はＬＩＡであり、すなわち光線ＡＴの傾斜角である角ＶＴＡよりも小さいので、点Ｔで屈折する光線ＡＴの屈折角は、Ｉで屈折する光線ＡＩの屈折角よりも大きい。いま、光線ＡＴの屈折した光線をＴＸとしよう。そうすると、視軸からの分離の仕方は、ＴＸのほうがＩＧよりも大きいであろう。それゆえ、ＴＸは屈折して視軸上の点Ｎへと向かうような仕方で視力補正具ＧＨに入射することはできず、もっと端のほうに入射するか、全然入射しないかのどちらかである。したがって、右のようにしたのでは点Ｎは判明には見えないであろう。それゆえ、視力補正具ＧＨを視力補正具ＩＫからもっと遠ざけなければならない。そこでＧＨをＸまで遠ざけ、以前はＯにあったＧＨの球状面の中心が今度はＺにあるようにし、そしてこのように遠ざけられた視力補正具に、光線ＴＸがＸで出会うものとしよう。そうすると、光線ＴＸの傾斜角はＺＸＴで、これは光線ＩＧの傾斜角ＯＧＩよりも大きい。したがって、光線ＴＸの屈折角は光線ＩＧの屈折角よりも大きく、それゆえ、小さいほうの球の一部分を凹面とする凹レンズの視力補正具において軸とは反対の方へ生じた、代置前の凹レンズの

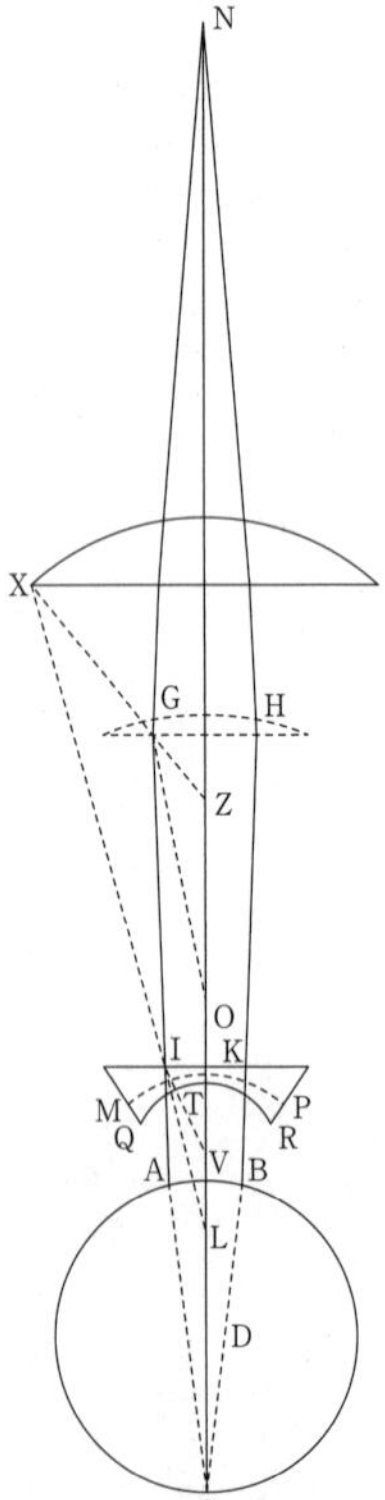

図Ⅸ―3

視力補正具による屈折よりも大きい屈折は、遠ざけられた凸レンズの視力補正具において、軸の方への、元の位置のときよりも大きい屈折によって相殺される。したがって、二つの視力補正具の距離が適正にされれば――このことは経験を積めば容易になる――、光線TXは点Nそのものへと向かうように屈折するであろうから、Nは以前よりも互いの距離が大きくなった二つの視力補正具を通して判明に見えるであろう。それゆえ、対象を判明に見たければ、凹レンズの視力補正具の凹面を一部分とする球が小さくなるほど、その分だけこの視力補正具を凸レンズの視力補正具から遠ざけなければならない。さらに、凹レンズの視力補正具の凹面を一部分とする球が小さくなるほど、この視力補正具を凸レンズの視力補正具から遠ざけなければならない理由は、目に近いほうの視力補正具について、それが凸レンズであるとした場合にもまた同じことを証明するのにも有効である。なぜかというと、それは次のとおりである。凸レンズの視力補正具の凸面を一部分とする球が小さくなるほど、この視力補正具における屈折はそれだけ大きくなるから、この視力補正具で屈折した光線が視軸と交わる位置はそれだけ目に近くなり、それゆえ視軸と交わってからの視軸からの離れ方も大きくなる。そしてこのことの結果として、他方の視力補正具における屈折がその分だけ大きくなってゆき、対象の位置している視軸が縮小して点になるまでになる。その結果、対象に向かっているほうの視力補正具における傾斜角を大きくしなければならなくなるが、傾斜角のこの拡大が生じるのは、対象側の視力補正具がもう一方の視力補正具からさらに遠ざけられる場合である。

五　一方の視力補正具が凹レンズである望遠鏡を通して見た対象の見かけの場所

目に接している視力補正具〔接眼レンズ〕が凹レンズである望遠鏡を通して見た対象の見かけの場所は、次のような仕方で決まる。

（図IX―4において）目はＡＢＣ、網膜球の中心はＤ、視軸はＬＨＤＣ、凹レンズの視力補正具はＭＮ、凸レンズの視力補正具はＲＱであるとしよう。そしてこの二つの視力補正具は、対象の点Ｈが判明に見えるような位置に置かれていると仮定しよう。また、対象の全体はＨＩＫであるとしよう。対象上にどこでもよいから点Ｉをとり、光線ＩＱを引き、これがＱで屈折してＱＭに沿って進んだ後、再び屈折してＭＤに沿って網膜球の中心に向かうとしよう。そうすると、点Ｈは視軸ＤＨ上に、また点ＩはＤＭの延長線上に見えるであろう。なぜなら、対象の諸部分を順々に見てゆくさいに生じる目の向きの変化によって、今度はＤＭが視軸となり、これは延長されればまっすぐにＯに向かうと解されるからである。同様に、点Ｋからくる光線は屈折してＲＮに沿って進み、それからＮＤに沿って進むとしよう。そうすると、点Ｋは視覚線ＤＮをＰまで延長した線上に見えるであろう。それゆえ、点Ｈの見かけの場所はＤＨ上に、点ＩのそれはＤＯ上に、点Ｋ

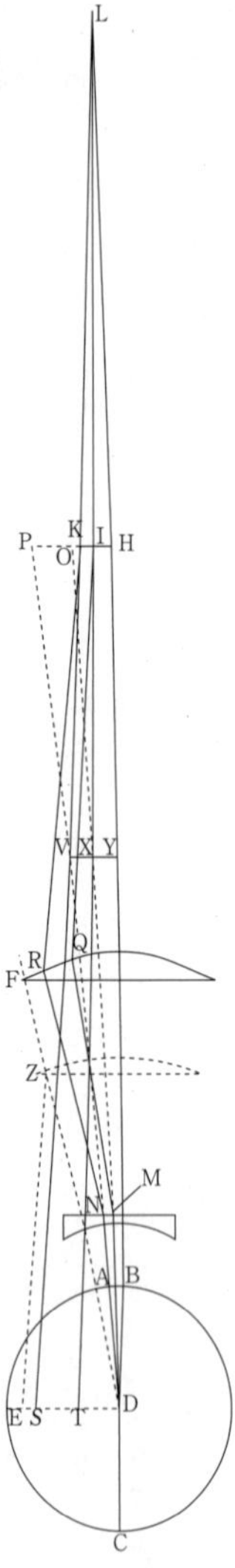

図IX―4

のそれはＤＰ上にあるであろう。いま、対象ＨＩＫの消点はＬにあると仮定しよう。また、ＤＳは直線ＨＰに長さが等しく、かつ平行になるとしよう。そしてこのＤＳ上に直線ＨＯに長さの等しいＤＴをとり、ＬとＴ、ＬとＳを直線で結ぼう。そうすると、点Ｉの見かけの場所はＬＴ上に、点Ｋの見かけの場所はＬＳ上にある。しかるに、この同じ両点の見かけの場所はそれぞれＤＯ上、ＤＰ上にあった。それゆえ、これらの場所はそれぞれ直線ＤＯ、ＬＴの交点と、直線ＤＰ、ＬＳの交点とに、すなわち点Ｘと点Ｖにある。それゆえ、線分ＶＸを引いてこれを視軸上の点Ｙまで延長すれば、ＹＸＶが対象ＨＩＫの見かけの場所であろう。これでこの場所はめざされていたとおり決定された。

六　両方の視力補正具が凸レンズである望遠鏡を通して見た対象の見かけの場所

同様にして、目に近いほうの視力補正具が凸レンズである望遠鏡を通して見た対象の場所も決定される。ただし、諸々の光線が目に達する以前に視軸と交わり、かつ互いに交わる場合を除く。

（図Ⅸ―5において）目はＡＢＣ、網膜球の中心はＤ、視軸はＥＤＣ、目に近いほうの凸レンズの視力補正

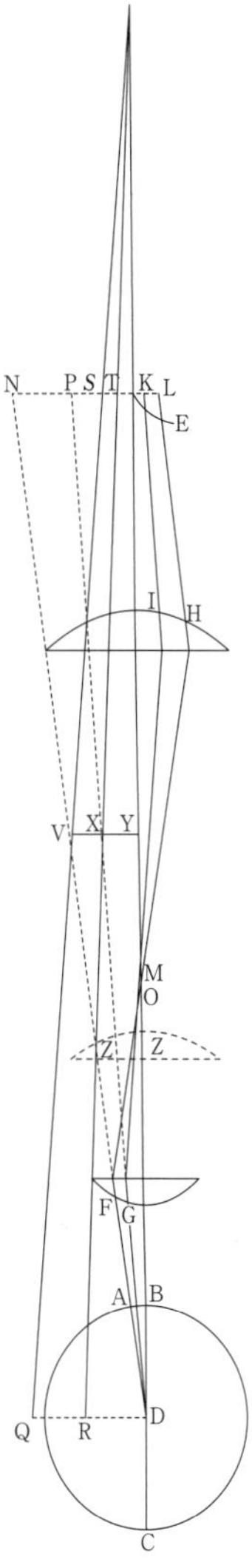

図Ⅸ―5

具はＦＧ、対象に向かっている視力補正具はＨＩであるとしよう。そしてこれらの視力補正具は、視軸上に置かれた対象の点、たとえばＥが、判明に見えるような位置に置かれている、と考えよう。また、この対象の全体はＥＫＬであるとしよう。対象上にどこでもよいから点Ｋをとり、そこから光線ＫＩが進んできて、視力補正具ＩＨにおいて屈折して視軸とＭで交わり、さらに進み続けてＧに向かい、Ｇからは屈折して網膜球の中心Ｄに向かうとしよう。そうすると、点Ｋは視覚線ＤＧ上に見えるであろうが、このＤＧの延長線がＬＥの延長線と交わる点をＰとしよう。同様に、点Ｌからくる光線はＬＨで、これが屈折して視軸とＯで交わり、さらに進み続けてＦに向かい、Ｆからは屈折してＤに向かうとしよう。そうすると、点Ｌの視覚線はＤＦとなるであろうが、このＤＦの延長線がＬＥの延長線と交わる点をＮとしよう。そうすると点Ｅ、Ｋ、ＬはそれぞれＤＥ、ＤＰ、ＤＮ上に見えるであろう。次に、ＤＱに平行で長さの等しい直線ＥＮが生じるとし、ＤＱ上に直線ＥＰに長さの等しい線分ＤＲをとろう。いま、視軸ＤＥの延長線上のどこかに消点があって、そこでＱとＲから引かれた二本の直線が出会うと仮定し、この二本の直線をＱＳ、ＲＴとすれば、点Ｌと点ＫはそれぞれＱＳ上、ＲＴ上に現出するであろう。しかるにこの同じ両点は、それぞれＤＮ上、ＤＰ上に現出する。したがってＬ、ＫはそれぞれＱＳ、ＤＮの交点Ｖと、ＲＴ、ＤＰの交点Ｘに現出する。それゆえ、線分ＶＸを引いてこれを視軸上の点Ｙまで延長すれば、対象の全体ＥＫＬは、諸部分の順序が逆になってＹＸＶ上に現出するであろう。

他方、（前章第六節で言われたことによれば）視力補正具ＩＨそのものがＺＺに現出するであろうから、ＶＹは二つの視力補正具の間には現出しないであろう、ということに注意したうえで、読者はさらに次のことを考慮されたい。すなわち、本図〔図Ⅸ―5〕と前図〔図Ⅸ―4〕の大きさはごく小さな用紙のサイズに合うように限られざるをえなかったので、この両図の図上では、「望遠鏡」――これは遠くからものが見えるようにするための道具を意味する――と呼ばれてしかるべきものとなるのに必要なだけの目からの距離をとって対象を描くことができず、むしろ「顕微鏡」――すなわち、小さな対象を大きく現出させるためのもの――と呼ばれるべきものになってしまったが、しかし原理は同じである、ということである。なぜなら、どんな望遠鏡でも、すぐ近くに置かれた対象を見るのに用いられれば、また同じ原因により、望遠鏡の二つの視力補正具を互いに十分なだけ引き離せば、顕微鏡になるからである。

七　視力補正具からの目の距離によって、見える対象が多くなったり少くなったりはするが、視覚の混淆が大きくなったり小さくなったりすることはない

望遠鏡に関しては、目の場所の考察がまだ十分でない。というのは次の事情による。目に近いほうの視力補正具が凹レンズである場合、これに目を近づけるほど、それだけ多くの対象が見える。なぜなら、図Ⅸ―4を調べれば容易に気付くであろうが、点Dが視力補正具MNから遠ざけられると、光線KRNADは網膜球の中心に当たることができず、それゆえ点Kの発する光は見えなくなるからである。それゆえ、目が遠ざかるにつれて、対象の両端の部分の発する光は何の作用もしなくなるので、相当遠くまで離れると、対象全体の視覚が失われる。反対に、〔目に近いほうの視力補正具が凸レンズの場合は〕図Ⅸ―5を調べれば明らかなとおり、点Dが視力補正具FGに近づけば、光線LHFはDに向かうように屈折することができなくなって、

必然的にDよりも下〔目の奥〕のほうで視軸と交わり、それゆえ点Lの視覚は消失する。他方もし視力補正具FGの縁がFで終わっているので点Fより外側には光の当たる所がないとして、かつ点Dが視力補正具FGから遠ざかるとすれば、これでもまた点Hの視覚は消失するであろう。それゆえ視軸上には、対象の最も多くの部分を見ることができるような網膜球の中心の場所が、ただ一つ存在する。したがって、中心Dがこの場所から、視力補正具にもっと近い所、もしくは視力補正具からもっと遠い所へ動かされると、現出する対象は常に少くなるであろう。しかしてこの場所とは、中心がそこにあるおかげで、まさに網膜上で視軸と出会う二本の光線が目から遠いほうの視力補正具の両外端を通過するような、そのような場所である。

八　望遠鏡はどのようなことによってもっと良いものになるか

望遠鏡には、目に当てられるべき視力補正具〔接眼レンズ〕が凹レンズであるものもあれば、凸レンズを接眼レンズとするものもあるが、対象に向かっている視力補正具〔対物レンズ〕の凸面を一部分とする球が最大であるような望遠鏡は、その他の点、すなわちガラスの材質や形状の正確な造形といった点が等しければ、最良の望遠鏡である。なぜなら、そういう望遠鏡では視角が大きくなるであろうから、対象はより大きく現出するであろうし、より多くの光線によって照らされるようになる結果、対象が大きく現出しても、そのせいで見え方の明瞭さが減じることはないであろうからである。それゆえ、遠方の諸対象の比較的小さな諸部分を判明に見ることに関して、人間の知識は望遠鏡の働きによって進歩して、適当な材質と職人の技量が許容するところまでは達することができる。なるほど、中くらいの球の一部分をその凸面とする凸レンズの視力補正具によって、対象の見かけの大きさが拡大したいだけ拡大されるようになることも可能ではある。すなわち、もう一方の視力補正具を小さくすればよいのである。しかし、対象に向かっている視力補正具が同じままの場合は、対象の見かけの大きさがどんな場合でも光もまた同じであろうが、そのときには右のような仕方で対象の見かけの大きさを拡大しても無益である。なぜなら、より大きく現出した全体の像のうちにはなるほど同じ光が存在しているが、しかし個々の部分には、見かけの大きさが小さい場合にそれぞれの部分と等しい部分にある光よりも少ない光しかないだろうからである。

九　凸レンズの視力補正具二枚から成る顕微鏡の原理

最良の顕微鏡は、（最良の、というのは、顕微鏡の場合、微小な諸対象の見かけの大きさを拡大するために、ガラスの造形と結合がいろいろと多様な仕方で行なわれているからであるが、）凸レンズの視力補正具二つから成っていて、その二つのうち、その凸面を一部分とする球が小さいほうの視力補正具は対象に近接し、もう一方が対象と目との間に位置しているような顕微鏡である。したがってこの顕微鏡は、逆にした望遠鏡以外の何物でもない。その構造の原理を（図Ⅸ―6を用いて）今から説明しよう。

（図Ⅸ―6において）目はＡＢＣ、網膜球の中心はＤ、視軸はＥＤＣであるとしよう。大きいほうの、すなわち目に近いほうの視力補正具はＦＧＨＩであり、これに対して対象に近接しているほうの視力補正具はＫＬＭＮであるとしよう。いま、網膜球の中心Ｄから線分ＤＨを引き、これが屈折してＦに向かい、次にＫに向かい、その次には視力補正具の面ＭＯＮ上の点Ｏに向かい、最後にＰに向かうとしよう。同様にして、視軸をはさんだ反対側にも屈折した光線ＤＩＧＬＯＱを引こう。そして対象はＰＱであるとしよう。そうすると、Ｐは視覚線ＤＨの延長線上に現出するであろう。さらに、ＤＨをＰＱに出会うまで延長し、その出会う点をＴとすると、同じ原因により、点Ｑは視覚線ＤＩの延長線上に現出するであろう。さらにＤＩをＶまで延長しよう。いま、直線ＥＴがＤＸに平行で長さも等しくなるようにし、ＸＹをその延長線が視軸ＣＥに消点で入射するように引いたと考え、さらにＸＹが視覚線ＤＴと交わる点をＺとしよう。そうすると、点ＰはＺに現出するであろう。また、直線ＴＶに平行で線分ＤＶをαで切り分ける線分Ｚαを引くと、点Ｑはαに、対象ＰＥＱの全体はＺα上に逆順で現出するであろう。さらに、この対象が混淆なく見えるためには、どこでもよいが対象の一点から、たとえばＰからくる二本の光線、例を挙げればＰＭ、ＰＮが、次のような屈折の仕方をするように視力補正具ＦＧとＭＮを配置しなければならない。すなわち、この二本の光線が視力補正具ＦＧの面に至ったとき、少くとも感覚上は平行になって目の方へと向かい、それから〔視力補正具

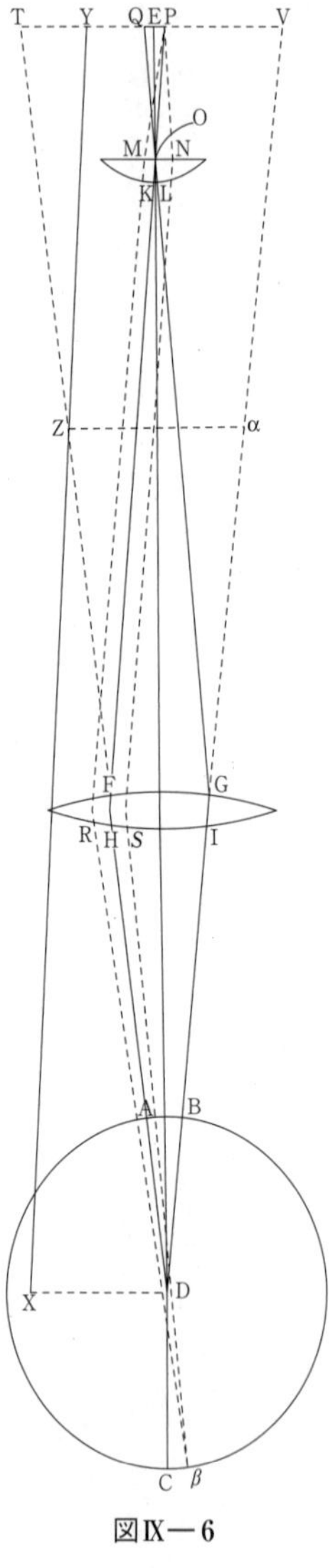

図Ⅸ―6

のＨＩ面で〕屈折し、目の向きが変わることによって視軸となるＨＡＤの延長線と、網膜上の点βにおいて出会うようにである。なぜなら、こうすれば屈折した光線ＰＭＲβ、ＰＮＳβの発してくる点Ｐは、視覚線βＤＡＨＺ上に現出するようになる、ということはつまり、他の点からのいかなる光線も屈折によって同じ点βにやって来さえしなければ、判明に見えるようになるからである。他の点からの光線がβに来ないというこの条件は、小さいほうの視力補正具の一方の面を次のような仕方で覆うことによって保証されうるし、またそうされるのが常である。すなわち、前側の面をＭとＮの間の部分を除いてすべて覆うか、もしくは後側の面をＫとＬの間の部分を除いてすべて覆うのである。こうすることによって、網膜上で出会うことになる諸々の光線を通り抜けさせるのに十分なだけの通過場所が、対象のどの点から到達する光線にも残るようにするのである。なぜなら、穴ＭＮが適当な大きさよりも大きすぎれば、対象の他の諸点からやって来て同じ点βで出くわすことになる諸々の光線によって混淆が生じるであろうが、しかしこの穴が適当な大きさよりも小さすぎれば、有用な光線まで排除されるせいで、暗くなってしまうだろうからである。

十　二枚の凸レンズからなる望遠鏡と顕微鏡が異なるのは、作り方ではなくて使い方による

望遠鏡は、それの視力補正具の曲面を形作っている球のサイズを大きくすることによって、材質と手技の上からそれ以上の改良が不可能なほどの完全さに達するまで、常によりよいものになってゆくが、それと同様に、右のような種類の顕微鏡の場合も、材質と技量が許すならばもっと大きな球の面をもつ視力補正具を用いて対象を拡大することにより、限りなく微小な対象に目が届くようになるであろう。このことの理由

は、既に（第四節で）望遠鏡について述べたさいに説明した理由と同じである。なぜなら顕微鏡は、その視力補正具が両方とも凸レンズである望遠鏡と同一の器具だからである。というのは、この種の望遠鏡を逆にしてもっと長く引き伸ばせば顕微鏡になり、反対に、顕微鏡を逆にして縮めれば、小型の望遠鏡になるからである。

望遠鏡も顕微鏡も一つだけの視力補正具で作ることはできる。ただし、遠くにあるものを拡大するためにそれを用いる場合、この視力補正具の曲面を一部分とする球は非常に大きなものでなければならず、またこの望遠鏡が二つの視力補正具からなる望遠鏡よりもはるかに不便になってしまうほど、目を視力補正具から遠ざけなければならない。同様に、一つの視力補正具だけでも近くの対象を非常に大きく見えるようにはするが、しかし二つの視力補正具ほどではないし、二つの場合ほど小さな距離から見ることはできない。それゆえ、一つの視力補正具からなる望遠鏡・顕微鏡については、これ以上は何も述べない。

第十章　言説と知識について

一　言説の定義、言説は人間に特有のものであること

言説すなわち陳述は、思考されている諸々の物事の概念の一連のつながりを表わすために、人間の自由意志に従って構成された諸々の単語の脈絡である。それゆえ、一つの事物の観念ないし概念に対する単語の関係は、心の中で論じられることに対する言説の関係と同じである。また、言説は人間に特有のものであると見られる。なぜなら、かなりの畜獣が使役による教化の結果、私たちが欲して言葉によって命じることを理解するにもかかわらず、しかし畜獣は言葉としての言葉によってそうしているのではなく、合図としてのかぎりでの言葉によってそうしているのだからである。というのは、言葉がどんな物事を表わすために人間の意に従って構成されたのかを、畜獣は知らないからである。

それゆえさらに、同じ種の動物のうちの一頭が他の一頭に対して鳴き声によって行なう表示は、言説ではない。なぜなら、希望や恐怖や喜び等々を表わすこの鳴き声は、動物の自由意志に従ってではなく、動物の自然本性の必然性によって、彼らの情念から無理やり絞り出されているからである。それゆえ、その声にたまたまごく小さな変化しか内在していないような動物の場合でも、ある声から他の声への鳴き声の相違によって、危険に際して逃げるように警告がなされたり、牧草の方へと誘われたり、鳴くように刺激されたり、愛へと誘惑されたりするということが生じるが、しかしこの声は、動物たちの意志によって構成された

ものではなく、各動物個々のもつ恐怖・喜び・欲その他の情念から自然本性の力によって生じるのであるから、言説ではない。このことは、同一の種に属する動物の鳴き声は地上のいたる所で同一だが人間の声は人ごとに異なっている、という点からして明らかである、という話にはならない。

右の理由により、人間以外の他の動物はまた、知性をも欠いている。なぜなら、知性はたしかに想像力ではあるが、諸々の言葉の構成された意味から生じる想像力だからである。

二　言説の起源

さて、単語は人間による構成によって生じた、と私は言ったのであるから、おそらく次のように問う人がいるであろう。すなわち、言説が私たちに与えているだけの利益を、人類に授けることができたほどの有効性を持ったのは、どんな人々による構成だったのか、と。なぜなら、言葉や言葉の脈絡が何を意味するかを決定に基づいて定めることに、人々がかつて協議の場で合意した、などということは信じがたいからである。したがって信じられるのは、名辞は最初のうちは少ししかなく、そしてそれは非常によく知られていた諸事物の名であった、ということである。それゆえ、人間がまず第一に自分の自由意志に従って名を冠したのは、あるいくつかの動物、すなわち、神のお導きにより人間の目に入るところへやって来た動物たちにだけであったが、次いで種々の事物が代るがわる人間の感覚に提示されたのに応じて、他の諸事物にも名を冠していった。そして、親が受けいれたこの名辞を子が自分の子孫へ伝え、子孫はそのうえに他の諸々の名辞を見出したのである。しかし、「創世記」第二章では、アダムがある諸事物に名を与えるよりも以前に、神は「善悪を知る知恵の木の実を食べること」をお禁じになった、と言われているのであるから、「食べる」「実」「木」「知恵」とは、そして最後に「善悪」とは何であるかを依然知らなかったアダムが、どのようにして神の命令を理解することができたのかが問題になる。それゆえ、神のこの禁止をアダムが理解したのは言葉の力によってではなく、何かある超自然的な仕方によってであることは必然的である。このことは少し後のところで、神がアダムに「あなたが裸であることを誰があなたに知らせたのか」とアダムに問うておられることから明らかになるとおりである。同様に、死すべき人間たちのうちの最初の者であったアダムは、死についていかなる観念も持つことができなかったのに、その死について蛇が語るのをどのようにして理解することができたのかも問題となる。それゆえ、このことが理解されたのは自然な仕方によってではありえなかった。そういうわけだから、言説の起源は自然本性上、人間自身の自由意志以外にはありえなかったということになる。このことは、バベルの塔のさいの言語の忘却からなおいっそう明らかである。なぜなら、さまざまな異なる言語が発生したのはこのときからであり、しかも個々の民族の個々の人々から派生したのだからである。これに対して、「個々の事物に名が冠せられたのは、これらの事物そのものの本性に基づいてのことである」と言う人々がいるが、これは子供じみたことである。なぜなら、諸事物の本性はいたる所で同一であるのに、言語はさまざまであるということが、どうして起こりえたのか、また、音である声と物体である動物とはどういう関係を持っているのか、ということが問題になるからである。

三　言説の便利な点と不便な点

陳述から生じる顕著な便宜は次の諸点である。第一に、数を表わす名辞の働きによって、人は諸々の単位を数えることができるのみならず、何であれ一つ一つのものも——たとえば諸物体なら、それらが長さにせよ、長さと幅の二次元量にせよ、長さと幅と厚さの三次元量にせよ、何らかの仕方で量であるかぎり——数えることができるし、それらのものを足したり引いたり、数倍したり、割ったり、互いに比較したりすることができ、さらに時間・運動・重量や、諸々の質に関する強さの度合と増減の度合を、計算に従わせることもできる、ということである。こういったことから、諸他の動物の条件を超えた人間生活の並外れた便利さが生じてくる。なぜなら、諸物体を測定することや、時間の計算や、天体の運行の計算や、地球の軌道を図に描くことや、航海・建築・機械その他の必要な物事において、右のような数える技術がどれほど多く使用されているか、知らない者は誰もいないからである。こういったことのすべてが数えることに由来し、さらに数えることは言説に由来しているのである。☆

第二に、ある人が他の人に教えること、すなわち、自分の知識を他人に伝えることができるのも、他人に警告したり相談したりすることができるのも、同じ言説のおかげである。その結果、それ自体で大きな善が、いまや伝達されることによってさらに大きなものとなるのである。☆

第三に、私たちが命じたり、命じられたことを理解したりできるのも、言説の功益であり、しかも間違いなく最大の功益である。なぜなら、このことがなければ人間同士のいかなる社会的結合も、いかなる平和も、したがってまたいかなる規律も存在せず、まず第一に野蛮が、その次には孤立があり、隠れ場所が住居代わりになったであろうから。じっさい、いくつかの動物種にもそれなりの何かある政治体のようなものがあるとはいえ、それはそういう動物にとって、よい生活をするための十分に大きな動力にはなっておらず、したがって考察されるだけの値うちはない。そしてそういう政治体のようなものが見出されるのは、無防備ではあるが多くのものに事欠いていているわけではないような動物の場合だけであって、人間はそういう動物のうちには数えられない。なぜなら、剣や銃といった人間の武器が、角や歯や棘といった動物の武器よりもまさっている分だけ、人間は強欲さと残虐さにおいて、飢えを満たすこと以上の強欲さはなく挑発されなければ猛り狂うこともない狼や熊や蛇よりも上回っているし、また人間は将来の飢餓のことを考えても飢えているような気になるからである。このことから、私たちを結びつけ平和に関して合意させることで、安全・幸福に、かつ華やかに生活させてくれる——と私が言うのは、私たちがそのような生活をしたいと思えばできるようにしてくれる、という意味であるが——陳述というものに、私たちの負うところがどれほど大きいかが、容易にわかるのである。☆

けれども陳述にはまた不便な点もある。それはすなわち、人間は動物の中で唯一、諸々の単語の普遍的意味によって、生活する上での技術に関しても、また同様にその他の諸々の技術に関しても、一般的規則を自分のために考え出すことができるので、また唯一、誤った規則を使用したり、それを他の人々に伝えて使用させたりする可能性のある生き物でもある、ということである。それゆえ人間は、他の動物が犯す可能性のある誤りよりも広汎でしかも危険な誤りを犯す。また人間は、既になされた活動によって誤りだとわかっていることを教えること、すなわちうそをつくことも、人々の心を社会や平和の条件にとって脅威となるようなものにすることも、そうしたければ（しかも、そうすることが自分の計画に役立つように見えるときはその都度、そうしたがるであろうが）できるであろう。こういうことは、他の動物の社会においては起こりえないことである。なぜなら、他の動物は自分にとって善いことと悪いことを自分の感覚によって評価するのであって、他者の訴えによって評価するのではなく、こういう訴えの原因を理解することは、この原因そのものを目にしなければできないからである。そのうえ、聴くという習慣のせいで、哲学者や学者の話を聴く人々には時として、自分の耳にする言葉が、たとえば教師連中が自分の無知を隠すために案出した言葉のように、何の意味も言い表すことのできない言葉であるとしても、それらを根拠なく受けいれて使用し、自分が何も言っていないのに何かを言ったつもりになってしまう、ということが起こる。最後に、しゃべることの容易さのせいで人間は、全然考えてもいないことをしゃべったり、真だと思い込んでいることをしゃべったりして、自分で自分を欺く可能性があるが、獣は自分で自分を瞞すことはできない。以上の理由により、陳述のおかげで人間は、より善良になることはないが、その能力は高まるのである。

四　知識と証明は原因の認識から生じる

知識というものが考えられるのは、定理の、すなわち一般的命題の真理について、言いかえれば、推論の真理についてである。これに対して、事実の真理が問題である場合には、本来の意味では知識とは言われず、単に認識と言われる。それゆえ、提示された何かある定理が真であることを私たちに知らしめる知識は、たしかに原因から、すなわち問題となっていることの発生から正しい推理をつうじて導出された認識であるが、これに対して、そのような定理が真であることが可能であるということのみを私たちに知らしめる知識は、結果の経験から正当な推理をつうじて導出された認識である。この双方の導出は、なるほどどちらも証明と呼びならわされているが、しかし前者のほうが後者よりもすぐれた意味でそう呼ばれるのが常であり、しかもそれはたしかに正当なことである。なぜなら、私たちは現にある原因をどのようにしたら最もよく用いることができるか、ということを知ることは、取り返しのつかない過去をあったとおりに認識することよりも秀でているからである。それゆえ、人間たち自身の自由意志にその発生が依拠しているような物事についての知識のみが、かのアプリオリな証明によって人間に許し与えられたのである。

五　定理は、原因が私たちの能力のうちにある物事に関してのみ証明可能であり、その他の物事に関しては、そうありうるということが証明可能なだけである

それゆえ、大多数の証明可能な定理は、それについての学が幾何学と呼ばれるような量に関するものである。なぜなら、個々の図形の有する諸々の特性の原因は、私たち自身が引いて線としたもののうちに内在しており、また図形の発生は私たちの自由意志に依拠しているから、何であれ図形の固有の受動性を認識するためには、私たちが図形を描くさいに自ら行なう構成から帰結することのすべてを考察すること以上のことは、何も要求されないからである。それゆえ、私たち自身が図形を創造するというこのこととひき換えに、幾何学が知得され、かつ証明可能であるということが生じてくるのである。これとは反対に、自然の諸事物の原因は私たちの能力のうちにはなく、神の御意志のうちにあるから、また自然の諸事物の最大部分、すな

わちエーテルは、不可視であるから、自然の諸事物の諸々の特性を原因から引き出すことは、これらの特性を見ていない私たちには不可能である。しかしながら、私たちの見ている諸特性から結論を引き出すことによって、しかじかのことがそれらの特性の原因である可能性があったのだということを、私たちが証明することができるというところまでは、進むことが認められてきた。このような証明はアポステリオリな証明と言われ、その学は自然学と言われる。そして、運動によって完成される自然の諸事物に関しては、後に続く結果から先行する原因へと推論しつつ進むことは、各種の運動から結果として生じることの認識なしには決してできず、また運動の結果へと推論によって進むことは、量についての認識、すなわち幾何学なしにはできないが、だからといって、自然学的証明によって何かあることがアプリオリに証明されることもあるはずがない、ということにはなりえない。それゆえ、自然学――私の言うのは、幾何学に支えられている真の自然学のことである――は混合数学のうちに数えられるのが常である。なぜなら、実地や経験を積むことによってではなく、師匠から規則をつうじて学ばれた学問は、数学と言いならわされてきたからである。それゆえ、幾何学や算術のように、量に関して抽象的なことを取り扱い、したがってものそのものの認識を事としないような数学は、純粋数学であり、これに対して、天文学・音楽・物理学や、種と宇宙の諸部分との多様さに応じて多様でありうる自然学の諸部門のように、ものそのものの何かある特性をもその算定の中で考察する数学は、混合数学である。

　さらに、政治学と倫理学、すなわち正と不正、公正と不公正についての学も、アプリオリに証明されうる学である。なぜなら、正と公正とは何か、また反対に不正と不公正とは何かを認識するための原理、言いかえれば正義の原因、すなわち法と約定は、私たちが自ら作るものだからである。そして法と約定がそのような原理だというのは、法と約定がうち立てられる以前には、いかなる正義も不正義も、いかなる公共善も公共悪も、獣同士の間にないように、人間同士の間にも本性上存在していなかったからである。

第十一章　欲求と忌避、快と不快、ならびにそれらの原因について

一　欲求と忌避とは何か、またそれらはどのような原因から来るか

欲求が楽しみから、忌避が苦しみから異なる仕方は、熱望することが享受することから、すなわち未来が現在から異なる仕方以外のものではない。なぜなら、欲求は楽しみであり忌避は苦しみであるが、欲求はまだ現存せず予見ないし期待されている快から、忌避はそのような不快から来るものだからである。さらに、楽しみと苦しみは感覚とは言われないにしても、しかし感覚と異なるのは次の点においてのみである。すなわち、感覚は外的なものとしての対象についてのものであって、器官から生じる反作用ないし抵抗によるものであるから、器官の外向きの努力に存するが、これに対して楽しみは、対象の作用から生じる情念に存し、内向きの努力であるという点である。

二　欲求と忌避は私たちの自由意志には依拠していない

それゆえ、感覚の原因と同様に、欲求と忌避の原因も、楽しみと苦しみの原因も、感覚の対象そのものである。そしてこのことから、次のことを理解することができる。すなわち、私たちの欲求は私たちがしかじかのものを欲することの原因ではないし、私たちの忌避は私たちがしかじかのものを避けることの原因ではない、ということ、言いかえれば、私たちは意欲するから欲求するのではなく――なぜなら、意欲自体が欲

求なのであるから——、また意欲しないから忌避するのでもないということ、そうではなくて、欲求が欲せられている事物そのものから発生したり、嫌悪がいやがられている事物そのものから発生したりしたから、そして対象そのものから生じるであろう快と不快についての予断が必然的に結果するから、欲求したり忌避したりするのだ、ということである。なぜその理由を述べる必要があろうか。私たちは意欲するから、飢えたり、食物以外の自然の必要物を欲求したりするのか。飢えや渇きや諸々の欲は随意的なものなのか。諸々の欲求によって行動することはたしかに自由でありうるが、しかし欲求すること自体は自由ではありえない。このことは誰にとっても、自分自身の経験によって非常に明らかなので、どうしてそういうことになりうるのかを理解していない人々がこれほど多いことに、私は驚かずにはいられない。ある人にしかじかのことをするかしないかの自由意志がある、と言われる場合、これは常に、「もしその人がそうすることを、もしくはしないことを意欲するならば」という付帯条件つきで解されなければならない。なぜなら、「ある人がしかじかのことをすることを意欲しようがしまいが、彼はそのことをする自由意志を持つ」というのは、ナンセンスな言い方だからである。

　念頭に浮かんだあることをすべきか、それともしないでおくべきか、とある人が問う場合、「熟慮しなければならない」という言い方がなされる。これはつまり、どちらのほうにする自由もあるのだから、その自由を保留せよということである。こういう熟慮に際しては、しかじかのことが好都合であることが明らかになったり不都合であることが明らかになったりするのに応じて、何らかの決定を下すよう事情が要求するまで、欲求と忌避が交互に働き、最後に、やりたいもしくはやめておきたいという欲求が行為または無為を直接に生じさせるのであるが、この最終的な欲求こそ、本来の意味で意欲と言われるものである。

三　欲求は経験することによって生まれる

自然の順序に従って、感覚は欲求よりも先なるものである。なぜなら、私たちが快とみなしているものが将来あることになるか否かは、経験すること、すなわち感覚することによらなければ、知ることができないからである。それゆえ、知らないものについての欲は存在しない、と一般に言われている。しかしながら、経験したいという欲は知らないものについても存在しうる。幼児は欲求するものが少く、少年は多くの新しいものを獲得したがり、また大人は、ことに博識な人々は、年齢が進むにつれて、不必要なことも含めて無数のことを経験するということ、そして経験を積んで何が快であるかを知ると、その後は記憶を喚起することによって欲求する場合が多くなるということは、このことによるのである。また時には、最初の経験では不快であったことが、稀有なこと、もしくは新奇なことであった場合は、慣れによって不快ではなくなり、その後快くなることもある。個々の人々の性質を変えることにおいて、習慣のなしうることはこれほど大きいのである。

四　善いもののさまざまな名、美しいもの、快いもの、有用なもの

欲求されるあらゆるものには、それらが欲求されるかぎり、「善いもの」という共通の名があり、私たちの忌避するあらゆるものには、「悪いもの」という共通の名がある。それゆえ、アリストテレスが「善とは

万物の希求するところのものである」と定義したのは正しい。しかし、人が変われば欲求・忌避するものも変わるので、ある人々にとっては善いものであるがある人々にとっては悪いものであるようなものが多くあることは、必然的である。たとえば、私たちにとって善いものが敵どもにとっては悪いものであるというのは、その例である。したがって、善いものはそれを欲求する人々に、悪いものはそれを忌避する人々に相関的である。共同善は存在しうるし、何かあるものについて、それは共同に善いものである、すなわち多くの人々にとって有益なもの、もしくは国家にとって善いものである、と言って正しいことはありうる。また時には、万人にとって善いものと言えるものもある。たとえば健康がそうである。しかしながらこの陳述は相対的であり、それゆえ「端的に善いもの」という言い方はできない。なぜなら、善いものは何であれ、誰かある人または人々にとって善いのだからである。神の創造されたものはすべて、そもそもの初めから善いものであった。それはどうしてか。神の御業はすべて神御自身のお気に召すものだからである。また、神は神の御名を呼ぶすべての者にとって善きものであられるが、神の御名を冒瀆する者どもにとっては善きものではない、ということも言われる。それゆえ、善いものは人と場所と時に対して相対的である、と言われる。今ここではこのものが気に入り、あのときあそこではあのものが気に入らない。そして他の諸々の状況についても事情は同様である。なぜなら、善悪という性質は諸事物の偶然の事情（συντυχία）の結果だからである。

五　善いものと悪いものの、さらにさまざまな名

善いものと悪いものの名にもさまざまなヴァリエーションがある。なぜなら、欲せられたものとしては善

いものであるその同じ事物が、獲得されたものとしては「快いもの」と言われ、考察されたものとしては「美しいもの」と言われるからである。この後のほうの言い方がなされるのは、美とは対象から善が期待されるようにするような、対象の質のことだからであり、この質からそういう期待が生じるのは、過去において人の気に入ったことのある事物に似ていると見られるものは、将来においても人の気に入るだろうと見られるからである。それゆえ、美は将来の善の目じるしである。そして美は、行動のうちに見られるときは「品位」(honestas)と言われ、容姿のうちに存するときには「美貌」(forma)と呼ばれる。さらに美は、それを目じるしとする善が獲得される以前にも想像によって人の気に入る。善と美の場合と同じ理由で、「悪」と「醜」は同一のものについて言われる。さらに、欲せられたものとしては善いものと名づけられる事物は、それ自身のゆえに欲せられる場合には快いものと言われ、他のもののために欲せられる場合には有用なものと言われる。なぜなら、使用は手段や道具についてなされることなので、それ自身のゆえに欲せられる善いものは使用されるのではなく、目的のようなものとして念頭に置かれた何かある事物についてなされるのは、享受だからである。さらに善は、真の善と見かけの善とに区別され、悪もまた同じように区別される。これは、見かけ上善い何かあるものとは、それに依拠している他の諸々の物事の考慮抜きに真にそれ自体として善いものではない、ということではなくて、一部は善いが一部は悪い多くの物事のつながりが、切り離すことのできないほど必然的であることが、時としてあるからである。その結果、これらの物事の各々は単に善いか単に悪いかであるけれども、連鎖の全体は一部は善いが一部は悪い、ということになる。そして、善い部分のほうが大きければその系列は善いと言われて欲求され、反対に、悪い部分のほうが大きければ全体が拒否されるが、ただしそれは、この系列ないし全体がそうなっていることが認識されたとすればの話である。このことから、未経験で物事の結果を十分遠くまで見通していない人々は、見かけ上善く見えるものを、それに結びついた悪いものを見ることなく受け入れて、後になってそれが有害なものであったことを経験によって思い知る、ということが起こる。そしてこのことが、善悪を真のそれと見かけのそれとに区分する人々の主張することである。

六　各人にとって諸々の善のうちで最大のものは自己保存であり、性質に関する最大の悪は堕落である

さて、各人にとって諸々の善のうちの第一のものは自己保存である。なぜなら自然は、万人が自分自身にとって善くあることを欲するようにできているからである。自己保存の能力を持ちうるためには、生命と健康を欲し、また可能なかぎり、将来の時におけるこの両者の安全を欲することが必要である。これに対して、あらゆる悪のうちの第一のものは死であり、拷問を伴う死はとりわけそうである。なぜなら、拷問が行なわれると生きることの苦悩は、それの終りの近いことが予見されないなら死を善いことのうちに数え入れさせるほど、はなはだしいものになりうるからである。

権力は、格別のものであれば善いものである。なぜなら、そういう権力は身の守りに役立ち、しかして安全は身の守りにあるからである。格別なものでないなら、権力は用をなさない。万人に等しい権力などというものは、全然権力ではないからである。

友情は善いもの、すなわち有用なものである。なぜなら、友情は他の多くのことに向いているのと同じ

く、身の守りにも向いているからである。それゆえ敵意は悪いものである。危険をもたらすものは身の守りを奪うからである。

七　富

富は、並外れて大きければ、すなわち、「富んでいる人とは自分の富で軍隊を養うことのできる人のことである」とルクルス(1)が定義したような富であれば、有用である。なぜなら、それだけ富んでいれば身の守りはほとんど確実だからである。中くらいの富も、それを身の守りのために用いたい人々にとっては有用である。なぜなら、富は友情を獲得し、しかして友情は身の守りにつながるからである。これに対して、富を身の守りのために用いたがらない人々にとっては、富は嫉妬を引き起こす。それゆえ、そういう富は単なる見かけの善にすぎない。

遺産として相続されたのではなく、自分自身の勤労によって獲得された富は、善いものである。なぜなら、それは快いものだからである。なぜ快いかというと、そういう富は各人の目に、自分の賢慮の増大と映るからである。貧窮、あるいは必要なものに事欠くほどの貧しさと言ってもよいが、これは悪いことである。なぜなら、必要物がなくて困ることは悪いことだからである。物がなくて困るということのない程度の貧しさは、善いことである。こういう貧しさはその主を、嫉妬や詐欺や奸計から遠ざける。

(1) 古代ローマ共和制末期の将軍（前一一〇?～前五七）。大富豪で、豪奢な暮らしぶりによって知られる。

八　知恵

知恵は有用である。なぜなら、知恵は身の守りになる点をかなり多く含んでいるからである。また知恵は、それ自体で欲求されうるもの、すなわち快いものでもある。知恵はまた美しいものでもある。なぜなら、それは得難いものであるから。無知は悪である。なぜなら、無知には身の守りになることは何もなく、襲ってくる悪の予見もないからである。

富についての欲は知恵についての欲よりも大きい。なぜなら、知恵は富のためにのみ求められるのが普通だからである。また、富を有しているなら知恵も有していると見られる、ということが主張される。なぜなら、ストア派が言ったような意味で「知恵ある人は富める人」なのではなくて、反対に「富める人は知恵ある人」と言われるべきだからである。

知恵についての満悦は富についての満悦よりも大きい。なぜなら、富は知恵のしるしとみなされるのが常だからである。貧乏は愚昧よりも恥辱である度合が低い。なぜなら、貧乏は運の不安定のせいにされうるが、愚昧はその人の本性のせいでしかないからである。これに対して、愚昧は貧乏よりも耐えやすい。なぜなら、人々の言うとおり、愚昧は固有の要素において重荷となりはしないからである。

九　技術

諸々の学問あるいは技術は、善いものである。なぜなら、それらは快いものだからである。なぜ快いかというと、自然は人間を、あらゆる新しい物事に対して驚嘆するように、言いかえれば、あらゆる物事の原因を学び知ることに熱意を持つように作ったからである。それゆえ、学問は心の大いなる糧であり、したがって、学問が心に対して持つ関係は食糧が身体に対して持つ関係に等しく、また諸々の現象は好奇心に富んだ心にとって、飢えている人にとっての食物のようなものである、ということになる。ただし両者は次の点で異なっている。すなわち、身体にとっては食物が飽き足りるということが起こりうるのに対して、心は学び知ることによって満ち足りるということはありえない、という点である。

さらに、各人にとって自分の技術は、それを物質に適用しうるかぎりで有用でもある。また諸々の技術は、それらに人類の救援と装飾物のほとんど全部を私たちが負っているものなのだから、公のために非常に有用なものでもある。しかし、すべての人々が自分の公言する学問的知識を持っている、と考えるべきではない。なぜなら、諸事物の原因について他人の著作物によって論究する人々、他人の意見を転記するばかりで何かあることを見出すことをしない人々は、全然有用ではないからである。なぜなら、人の行なったことを行なうことは善い点を何も含んでおらず、反対に、古い誤りを強固にすることによって真理の道を塞いでしまうという悪い点を、時として含むことがあるからである。

十　文学

文学、すなわち言語と歴史もまた、善いものである。なぜなら、それらは快いものだからである。それらはまた有用でもあって、とりわけ歴史はそうである。なぜなら、諸々の原因についての学問的知識が依拠する経験を、歴史は提供してくれるからである。博物誌はたしかに自然学に属するが、政治史は国家学および道徳学に属する。また歴史は、真であることも偽であることもあるが、ありえないことでさえなければそれでよい。なぜなら、学問において問い求められるのは、かつてあったことの原因よりもむしろ、ありうることの原因だからである。言語もまた、近隣の民族同士の間で使用される場合には、商業と取引のために有用である。同様にラテン語とギリシア語、すなわち諸々の学問の言語も、学問のために有用である。

十一　仕事

仕事は善いものである。なぜかといえば、仕事は生命の衝動だからである。それゆえ、歩くことが行なおうとする当のことでない場合に人が歩くのは、仕事のためである。「私は何に身を向けようか、何を行なおうか」というのは、苦悩している人々の声である。閑暇は人を苦しめる。自然は空虚な場所も空虚な時間も存在することを許容しない。

十二　どのようなことが快いか

進歩することは快い。なぜなら、それは目的への接近、ということはつまり、より快いことへの接近だからである。他人の不幸を見ることは快い。なぜなら、他人の不幸は不幸としてではなく、他人事として人を喜ばせるからである。人々が他人の死や危険の光景に群がり集まるのが常であるというのは、このことからくるのである。同様に、他人の幸福を見るのは不快である。ただしそれは幸福として不快なのではなく、他人の幸福として不快なのである。模倣は快い。なぜなら、模倣は過去を思い起こさせるが、過去は善い過去であったのなら、善いものなのだから快いものとして思い描かれ、悪い過去であった場合には、過ぎ去った悪なのだから快いものとして思い描かれるからである。したがって、音楽・詩・絵画は快い。

新しいものは快い。なぜなら、新しいものは心の糧として欲求されるからである。自分自身の能力についてよく思うことは、そう思うことが正当であろうと不当であろうと快い。なぜなら、自分について下すこの判断が真であるならば、自分のうちに自分にとっての身の守りを持つように思われるからであり、この判断が偽であっても、真実なら人を喜ばせることは虚構でも人を喜ばせるので、快いからである。

それゆえ勝利は快い。なぜなら、勝利は自分自身のことをよく思わせてくれるからである。また、あらゆるゲームや競争は快い。なぜなら、競っている人々は勝利をイメージするからである。さらに、才能の競争は最も人を楽しませる。なぜなら、この種の競争において各人は、自分に最大の身の守りが備わっていると考えるからである。それゆえ、才能の競争において負かされることは不快なことである。

称賛されることは快い。称賛は自分自身のことをよく思わせてくれるからである。

十三　どのようなことが美しいか

善いことのしるし、すなわち善いことの指標は美しい。それゆえ、卓越した能力のしるしは美しい。それゆえ、善いことであってしかも行なうのが困難なことを行なうことは、美しい。なぜなら、それは並み並みならぬ能力の指標だからである。卓越した形姿は美しいものである。なぜならそういう形姿は、各々の事物がそのために生み出された働きが立派に果されていることの、その事物のうちなるしるしだからである。これに対して、その種のもののうちで最も善いことが経験的に知られている事物の形姿を持つものは、恰好がよい。

称賛されること、愛されること、重んじられることは美しい。なぜなら、これらのことは徳と能力についての証明だからである。公職に用いられることは美しい。なぜなら、それは徳の公的証明だからである。技術における新しい発明は、有用であれば美しい。なぜなら、それは卓越した能力のしるしだからである。反対に、無価値なことは困難であればあるほど、美しさが減ずる。それは能力のしるしにはちがいないが、無用な能力のしるしであり、しかも同時に、重要でないことに努力する心の指標だからである。

他人から技術を学んだこと、すなわち物事に堪能なことは、有用なことにはちがいないが、しかし美しくはない。このことには卓越したところが何もないからである。なぜなら、教わるということができない人は少ないからである。

事情が要求するときにあえて危険を冒すことは美しい。なぜなら、それは並み並みならぬことだからである。だがもし事情が要求しないなら、そんなことをするのは愚昧である、ということはつまり醜いことである。あらゆる場合に生来の気質と公言したこととに一致する仕方で行動することは、秀でた人々にあっては美しいことである。なぜならそれは、自由な気質の指標だからである。これと反対のことをするのは、秀でた人物にあっては醜いことであり、奴隷的な心の指標であるとともに、隠していることがあるということの指標であるが、誰も美しいことを隠しはしないのである。正しいことを非難するのは無知のしるしであり、醜いことである。なぜなら、知っているということは能力があるということだからである。無知なうえに人の悪口を言うことは、なおいっそう醜いことであり、無学のしるしである。誤ることは、万人に共通のことであるから醜くはないが、教師にとっては、しょっちゅう誤るのは職務に反することであるから醜いことである。

自信は美しい。それはすなわち、自覚されている自己の徳のしるしである。虚飾は醜い。それは称賛が自分に欠けていてそれを欲しがっていることから生じるものだからである。

最大の富でない富を軽蔑することは美しい。なぜなら、それは少しぐらいのものはなくても欲しがらないということの指標だからである。金銭愛は醜い。それは金銭的報酬によってどんなことにも引き寄せられかねない者のしるしである。そればかりでなく金銭愛は、金持ちの人々の場合にあっても、金が足りなくて欲しがっていることのしるしである。

恩恵を得ようと努める者を寛恕することは美しい。それは自信の指標だからである。利益をもって敵にとりいることは醜い。なぜなら、それは自分自身を身受けすること、もしくは平和を買い取ることであり、欠乏による欲求のしるしだからである。人は自分に欠けていて欲しがっているものでなければ買うことはしないのが常のことなのだから。

十四　比較された善いもの

善いもの同士や悪いもの同士が比較される場合、他の点が等しければ、より長続きするもののほうが大きな善または悪である。全体は部分よりも大きいからである。

また、右と同じ理由により、他の点が等しければ、強度のより高いもののほうが大きな善または悪である。なぜなら、強弱の違いは大小の違いと同様だからである。

また、他の点が等しければ、多数の人々にとって善いものは、少数の人々にとって善いものよりも大きな善である。なぜなら、より一般的なものとより特殊的なものとの違いは、大小の違いと同様だからである。

善いものを受けとることは、善いものを失わなかったことよりも善いことである。なぜなら、悪いものの記憶があると、そのおかげで、より正しい評価がなされるからである。それゆえ、病気が治ることは、病の床につかなかったことよりも善いことである。

十五 最高善

肉体的享楽のような飽きられることのある快いもの ―― それが飽きられるのは、そういう快いものの快さは嫌厭によって相殺されたり、あまりにもよく知られすぎていたり、なかには不潔なものもあったりするからであるが ―― については、私は何も言うまい。最高善、またの言い方では至福や終極目的は、現世の生のうちには見出されえない。なぜなら、終極目的であるものがあるということになったら、熱望や欲求の的となるものが何もないわけで、その結果として、この時点からは自分にとって善いものは何もないばかりでなく、人間がものを感じることさえない ―― あらゆる感覚は何らかの欲求ないし忌避と結びついているのだから ―― ということになるが、ものを感じないということは生きていないということだからである。

さらに、諸々の善のうちで最大のものは、常にさらなる目的に向かっての、決して妨げられない進歩である。欲せられたものが享受されるときの享受そのものも欲求である。すなわち、事物を享受する心の、それが享受している事物の諸部分による運動である。なぜなら、生命は不断の運動であって、この運動は、まっすぐに進むことができないときには、円運動へと転換するからである。

第十二章　感情、すなわち心の擾乱について

一　心の擾乱とは何か

感情、すなわち心の擾乱は、欲求と忌避の一種であって、私たちが欲したり避けたりする対象の相違と諸々の状況とに由来する差異がこれに付け加わっている。しかるに「擾乱」と言われるのは、感情は大抵の場合、正しい合理的思考の妨げになるからである。さらに、感情が正しい合理的思考の妨げになるのは、付随するあらゆる事情を熟考すると大抵の場合は悪いことであることが見出される、見かけの、ほんの当面だけの善いことのために、真の善いことに敵対して戦うという点においてである。なぜなら、心と身体との結びつきからして、実行することの端初はたしかに欲求から来るが、熟慮は理性から来る、ということになっているので、遠い先まで見通すことによって真の善いことを求めなければならない――このことは理性の仕事である――ときに、欲求は当面の善いものへと突き進み、それに必然的に付着しているもっと大きな悪いことを予見せず、それゆえ理性の働きをかき乱し妨げるからである。このことのゆえに、感情は「擾乱」と言われても正当なのである。

さらに、感情は血液や動物精気のさまざまな運動に存する。この運動は、これらの液があるいはさまざまな仕方で拡張し、あるいは元へ戻るに応じたもので、その原因は対象によって心の中に引き起こされた、善いことと悪いことについての表象である。

二　喜びと嫌忌

あることから、いかなる悪い結果による相殺もなしに自分に到来する善いことが思い描かれるかぎり――善の享受とはそういう享受なのであるが――、感情は喜びと呼ばれる。これに対して、自分に襲いかかる悪いことを相殺する善いことを思い描くことなしに、そういう悪いことを思い描く人の感情は、嫌忌と呼ばれる。そして、襲いかかってくるかぎりのあらゆる悪いことは、忌まわしいと言われる。それゆえ、克服することも避けることもできない悪を、私たちは忌み嫌う。

三　希望と恐怖

しかしながら、私たちが悪いことと同時に、この悪いことを避けるための何かある方法によってそれが変換されることを思い描くときには、希望と呼ばれる感情が生じる。同様に、善いことがやってくるさいに、それの失われる何かある仕方を思い描く場合や、この善いことに結びついた何かある悪いことが引き寄せられるのを想像する場合の感情は、恐怖と言われる。それゆえ、希望と恐怖の入れ換わりを含むことができないほど短い時間はほとんどまったくない、というほどにこの両感情が互いに目まぐるしく交替することは、明らかである。それゆえ希望と恐怖は、ごく短時間の間その両方がともに保持されながら、優勢なほうの感情に従って希望または恐怖と一方だけの名で呼ばれる場合には、擾乱と言われなければならない。

四　怒り

悪いことが襲いかかってくる、もしくは突き進んでくるときに、それに対抗もしくは抵抗することによってこの悪いことを乗り越えることができるという不意の希望が心に抱かれる場合、怒りと呼ばれる情念が生じる。また、軽蔑されるという思いから怒りが生じることはなるほど非常によくあることで、それゆえ怒っている人は、他の人々の笑い草にうってつけだとか、笑われても自業自得だとか見られないために、できるかぎりのことを、もしくはできる望みのあるかぎりのことをやりたがるが、それはすなわち、自分を軽蔑する者に悪いことをもたらすことによって、それも相手がこの引き起こされた悪いことに後悔の念を抱くようにさせるのに、十分であると自分に思われるだけ、そうすることによってである。しかし、怒りには常にこういう軽蔑の想定が結びついているとは限らない。なぜなら、何であれ目的を念頭においてそれに向かって進んでいる人々は、どんなものがこの進んでいる人々にとって妨げとなっても、たとえそれが心のあるものではなく、それゆえ人を軽蔑することなどありえないものであっても、そのような障害が適切に取り除かれうるという希望が現れるやいなや、この障害がそれによって除かれるべき力を喚起する、ということはつまり怒りを現わすからである。

ギリシア人が μῆνις と言っている感情、すなわち復讐欲は、怒りに似ている。これは、ある人によって引き起こされたと思われる不法行為をこの当人に後悔させること、もしくはその他の人々を妨げて自分に対して不法行為をさせないようにすることを目的として、この人に悪いことをしようとする、恒常的・持続的な意志である。アガメムノーンがアキレウスに対して引き起こした不法行為のせいでアキレウスがギリシア人たちに対して抱いた怒りは[1]、そのようなものであった。さらに、復讐欲が既述の他の怒りと異なるのは、他の怒りは突然のものであるのに対し、復讐欲は至極恒常的に、私たちの怒っている相手の考えが私たちの意志の方へと転換することが期待されうるかぎり持続する、という点においてである。それゆえ、不法行為を行なった当人を殺すことは復讐心を満たさない。なぜなら、死者が何かある物事を後悔するなどということは決してないからである。それゆえ、怒りの対象は不快であるが、ただし力によって克服可能なかぎりでの不快である。なぜなら、あなたが丸腰のまま人を罵言によって挑発すれば、その人を怒らせるが、武装して同じことをすれば、相手を震え上がらせるからである。☆

希望は怒りを高めるが、それと同じように、恐怖は怒りを和らげる。これはつまり、襲いかかってくる悪いことに対して力を作り出すためには、想像によって動物精気が神経内へと注出されるが、それと同じように、身を守るか逃げるかするためには、もっと大きな悪いことの想像によって、動物精気が心臓へと戻される、ということである。希望の対象は見かけの上で善いもの、恐怖の対象は悪いものである。なぜ「見かけの上で」なのかというと、希望の的となっている善いものがどこから私たちにやってくるはずなのかを、私たちは決して十分には見通さないからであり、さらにそれはどうしてかというと、仮にそんなことを見通すとしたらこの善い物事は確実となり、私たちの期待はもはや希望とは言われずに、喜びと言われるだろうからである。希望のためにはごく軽微な根拠でも十分である。もちろん、心に全然思い描くことのできない物事でも、言うことができれば、それを希望することは可能である。これと同様に、思い描かれていなくとも、恐ろしいと一般に言われているか、もしくは多くの人々が一斉にそれから逃げるのが見られるかすれば、どんなものでも恐れられる可能性はある。なぜなら、パニックと呼ばれる恐怖の場合のように、原因が知られていないのに逃げるということも、私たちにはあるからである。こういう恐れ方を私たちがするのは、最初に逃げた者は逃げる原因として何かある危険なものを見たのだ、と思い込むからである。それゆえ、この感情は理性によって統御される必要がある。なぜなら、私たちの力と諸対象の力を測定し比較することによって、あるときは希望の、あるときは恐怖の度合を定め、そうすることで、私たちが希望を持つせいで瞞されたり、恐れているせいで自分の持つ善いものを正しい原因なしに放棄したりすることがないようにするものは、理性だからである。そしてそれは、私たちがかくもしばしば希望に欺かれたり恐怖に裏切られたりするということを経験するのは、私たちの無学のなせるわざだからである。

五　目に見えないものの恐怖

万人が次のような見解に囚われている。すなわち、何かある目に見えないものが一つまたは複数存在していて、この目に見えないものが好意的か敵意のあるものかに応じて、このものからあらゆる善いことが由来

(1)　トロイア戦争に際し、テーベ攻略の折にギリシア軍が捕えて総帥アガメムノーンの戦利品とした乙女クリューセーイスの返還をアガメムノーンが拒んだため、その父でアポローン神殿の神官であったクリューセースの呪いでアポローン神がギリシア軍に疫病を流行させたとき、クリューセーイスの返還を強く求めたアキレウスに対し、アガメムノーンがアキレウスの愛人ブリーセーイスを要求したため、アキレウスが怒って戦闘への参加を拒否したことをさす。ホメロス『イーリアス』の冒頭に描かれた有名な物語。

すると望まれるべきであったり、あらゆる悪いことが由来すると恐れられなければならなかったりする、という見解である。なぜこういう見解に囚われるかというと、人間はその能力が狭小なので、かの常ならぬわざ、天や地や目に見える世界、きわめて繊細な仕組みの運動、動物の知性、諸器官のきわめて巧みな形成などを見るとき、自らの天分がこれらの何一つとして模倣することができないからというので、この天分を軽蔑しないではいられず、それゆえ、最も大いなるものを組み立てたあの理解しがたい存在に驚嘆したり、あるいはその好意から善いことが、その怒りから悪いことがやってくるのを予期したりしないではいられなかったからである。そしてこれが自然的敬虔と呼ばれる感情であって、あらゆる宗教の第一の基礎である。

六　慢心と恥

動物精気は時として、自分が高く評価されている（εὐδοκιμεῖν）と考える人々に生じる何かある喜びによって、一斉に上昇させられる。心のこのような高ぶりは慢心と言われ、次のことにその原因を持つ。すなわち、自分の言うことやすることが是認されていると感じている人々にとっては、精気が、自分自身について思い抱かれたよい見解を証するものとして、心臓から顔へと上昇する、ということである。

慢心に対立する情念は恥であって、その場合、上昇する精気が突如として何かある不体裁な損失の意識ないし嫌疑のせいで混乱させられ、血液を顔面の筋肉の方へ押しやる。これが赤面することである。それゆえ恥は、したり言ったりしては不体裁なことをしたり言ったりしているところを見つけられたときに、称賛を愛する人々に起こる苦しみである。それゆえ赤面することは、万事を体裁よく言い、かつ行なうことを欲している人々のしるしである。したがってそれは、成長期にある人々にとっては称賛すべきことであるが、他の人々にとってはそうではない。なぜなら大人には、体裁のよいことを追い求めることのみならず、何が体裁のよいことかを知りわきまえていることも要求されるからである。

七　笑いと泣くこと

さらに、自分の何かある体裁のよい言辞や行動や考えのせいで、もしくは他人の不体裁な言辞や行動や考えのせいで突然に生じた喜びによっても、動物精気は上昇する。この場合の情念が笑う人々の情念である。なぜなら、誰かが自分自身にはすぐれていると思われるような何かある言辞を述べたり何かある行動をしたりした場合、笑う傾向がそういう人にはあるからである。同様に、他人がある不体裁なことを言ったりしたりして、この他人と自分を比較することで自分が以前よりも自分の意に適うようになる場合、笑わないように自制することはほとんど不可能であろう。また一般に、笑う人々の情念とは、他人の不体裁によって自分が突然自分の意に適うようになることである。それゆえ、突然のこと以外はほとんど何事も笑われることはないし、同じ物事や同じ冗談が同じ人々によって何度も笑われることもない。さらに、親しい人々や血縁者の不体裁は笑われない。なぜなら、そういう不体裁は他人事ではないからである。それゆえ、笑いをもよおす物事は三つあって、それらは結びついている。すなわち、不体裁・他人事・突然のことである。

反対に、誰かある人が何かある強い希望を突然奪われたと心に思うときの情念は、泣く人々のそれである。それゆえ、希望によって膨張した動物精気が、希望の実現されないことによって突然収縮すると、涙を出す器官に対する衝動を作り出し、この器官の中にある液を目に押し出してあふれさせる。最も多く、かつ最も高い頻度で泣くのは、女や子供のように、自分自身に関しては最小の、親しい人々に関しては最大の希望を持っている人々である。最も多く笑うのは、自分自身の称賛すべき行動から得る自分の力の増大分がきわめて少なく、他の人々の見苦しい行動から得るその増大分が非常に多いような人々である。親しい人々の怒りを買った後で再び親愛を取り戻した人々もまた、時として泣くことがある。なぜなら、復讐への傾向のある人々の親愛を取り戻すことは、心の突然の衝撃だからである。たとえば罰を許してもらった子供が泣くのは、そのゆえである。

八　外的諸事物への愛

愛は、目につく場合に限るとしても、愛の対象があるのとほとんど同じだけ多くの情念へと分けられる。たとえば金銭愛・権力愛・知識愛等々である。金銭愛は、限度を越したならば吝嗇である。国家権力への愛は、抑制がないとすれば野心と名づけられる。なぜなら、そういう権力愛は心を擾乱・転倒させるからである。

さらに、人間が人間を愛する場合の愛は二重の仕方で理解される。そしてそのどちらかの仕方にも好意が内在している。けれども愛は、自分自身に対してよかれと願う場合と他人に対してよかれと願う場合とでは、違った仕方で名づけられる。それゆえ、隣人が愛されるにも場合によってそれが男だったり女だったりするのは常のことである。なぜなら、男を愛する場合にはその男にとって、女を愛する場合には愛する側の私たちにとって善いことを、私たちは求めるのだからである。

同様に、名声ないし高名に対する愛も、それが度を越していれば、心の擾乱のうちに数えられるべきである。しかし、名声に対する欲の場合もその他の外的なものに対する欲の場合も、同じように限度は有用性である。これはすなわち、予め対処する手段が存在しうるかぎり、ということである。なぜなら、私たちは死後の名声について、不快であるとも、他の人々にとって無用だとも考えないけれども、自分が経験することのなさそうな、もしくは些細なことと評価しそうな未来を、まるで現在のことのように思い描くなら、思い違いをさせられるからである。そういう場合に私たちのしていることは、生まれる以前には自分の名は高くなかったからといって嘆く場合と同じことなのであるから。

九　自己評価

度を越した自己評価は理性の妨げとなり、それゆえ心の擾乱であって、その際には動物精気が上昇することによって、心そのものの何かある腫張が感じられる。これに対立する情念は、過度の自信なさ、すなわち心の萎縮である。それゆえ、自信のなさすぎる人々にとっては孤独が、自信過剰の人々にとっては人々の頻繁な訪れが喜ばしいのが常である。これに対して、正しい自己評価は擾乱ではなく、心のあるべき状態である。さらに、自己を正しく評価する人々は、自分の過去の行動によって自己を評価し、それゆえ自分のしたことのあることを、再び試みるということをあえてする。これに対して、度を越した自己評価をしたり、自分を現にあるのとは違うように思い描いたり、追従者を信じたりする人々は、危険そのものに立ち至ったときには意気沮喪してしまう。

十 憐憫

他人に起こった悪いことのせいで苦痛を感じること、言いかえれば、共に苦痛を感じることもしくは同情すること、さらに言いかえれば、他人に起こった悪いことが自分自身にも起こりうると想像することは、憐憫と呼ばれる。それゆえ、似たような悪い目に遭いつけている人々同士は憐憫を感じやすく、その逆も真である。なぜなら、人は悪いことを経験したことが少いほど、その悪いことがわが身にふりかかるのを恐れる度合も少くなるからである。同様に私たちは、諸々の犯罪の罰を受ける人々に憐憫を感じることは少い。なぜなら、私たちは悪事をはたらく連中を憎むか、自分が似たような罪に陥らないようにすることが自分の力でできると信じているか、どちらかだからである。それゆえ、地獄で永遠の責苦を、それも非常に激しい責苦を受けていると言われる人々に、誰もほとんど憐憫を感じていないということは、道理でありうるのであって、その理由は次のうちどれかである。すなわち、そういう責苦が自分の身に起こることはありえないと、私たちが信じているからか、私たちの想像力がそういう責苦を十分に強く捉えていないからか、もしくは、そういうことがありうると教えを説く人々が、そのことがあると自分が本気で信じている場合のような生き方をしていないからかである。

十一　競争心と嫉妬

他人が自分よりもすぐれていることによる苦痛は、自分自身の努力と結びついていれば、競争心である。しかし、この苦痛が自分よりすぐれた人を引きずり下ろしたいという意欲と結びついていれば、それは嫉妬である。

十二　驚嘆

驚嘆は、新奇さを喜んでいる人々の情念である。新奇さを愛することは人間にとって自然なことだからである。ところで、新奇なものと言われるのは、稀にしか生じないものである。しかるに、各種の諸事物のなかですぐれたものもまた、稀なものである。さらに、驚嘆ということの情念は、ほとんど人間特有のものである。なぜなら、他の動物も何かある新奇なものや異常なものを見るとき、それがその動物自身にとって有害か無害かを判断することが可能なかぎり驚嘆するが、しかし人間は何か新奇なものを見ると、それがどこから生じたのか、またそれを何のために用いることができるかを問うものであり、それゆえ諸々の原因と結果を認識する機会として、新奇さを喜ぶからである。このことから、他の人々に比べて多くのことに驚嘆する人は、他の人々よりも経験が乏しいか、才能がまさっているかのどちらかである、ということが帰結する。すなわち、この人には他の人々に起こるよりも多くの新奇なことが起こるのであれば、彼は経験が乏しいのであり、彼が同一の新しいことに他の人々より以上に驚嘆するのであれば、彼は才能がまさっているのである。

情念のどんな僅かな違いであっても、それらのすべてに対して違った名を冠するとしたら、諸情念の数はほとんど限りないことになるであろう。しかし、私たちが記述してきた諸情念のどれかに似ていないようないかなる情念もないので、これらの諸情念について述べたことで満足することにしよう。

第十三章　気質と習性について

一　気質の定義

気質、すなわち、ある物事へと向かう人々の傾向は、ほぼ六とおりの起源に由来している。それはすなわち、体温・経験・習慣・運のよさ・各人が自分自身について持っている見解・権威者たちの六つである。これらが変わると気質も変わってくる。

二　体温からくる気質の相違

体温からは次のような違いが出てくる。すなわち、体温が熱いほうの人々は大抵、他の点が等しければ比較的大胆でもあり、冷たいほうの人々は比較的臆病である、ということである。動物精気の動性によって、というこ とはつまりものの像を思い描く速さによって、気質は二重の仕方で異なってくる。第一に、ある気質は他のそれよりも鋭敏であり、その結果、活発な気質を持つ人々と鈍重な気質を持つ人々がいるというようになっている。第二に、気質上敏速な人々の思考は、一部は広大な空間に広く行きわたり、一部は何かある一つのことのまわりを回っている。その結果、そういう人々のうちには空想力が称賛に値するような人々と、判断の蓋然性が高い人々とがいる。そしてこの後者の人々の場合、気質が論争を調査することに適し、またあらゆる種類の哲学に、すなわち合理的思考に適しているのに対し、前者の人々の場合は詩作と発明に適しているが、こういった気質はどちらも、話すことに適している。また、判断力は類似した諸対象のうちに微妙な区別をつけるが、これに対して空想力は、似ていない諸対象を面白い仕方で混同する。判断力は大抵の場合、老人の持つものであり、空想力は若い人の持つものであるが、しかしどちらもしばしば、老人・若者のどちらにも見出される。空想力は度を越せば愚昧となり果てる。たとえば、話し始めると思考によってある命題から他の命題へと連れていかれて終りにできなくなってしまう人々の空想力は、そのようなものである。反対に、空想力の遅さが度を越している場合には、愚鈍という別種の愚昧になり終る。

老人は気質の上から、富に対して執心しすぎるきらいがある、と一般に言われているが、これは真ではない。なぜなら、大部分の老人たちは自分が決して用いることのなさそうな富を積み上げるのが常のことではあるが、彼らがそうするのは老人の気質によるのではなく、一生やむことのない熱中によることだからである。というのは、この同じ熱中は老いる以前にもあったものだからであって、これはすなわち、自分が富を獲得することに関して自分の賢慮と天分によってどの程度まで達しうるかを経験的に知ることで、自分で自分に喝采を送ることができるようになるためであり、富そのものではなくて、それを蓄積するのに要した自分の賢慮について、楽しい気分を味わうためである。こういうことを不思議なこととみなしてはならない。なぜなら、著述に熱中する人々は、年をとるにつれて知識を増すのが普通であり、自分の心の力を知識のうちに見ていること、あたかも鏡のうちに見ているがごとくだからである。要するに、人はみな自分が選んだ企てを、最も喜ばしいこととして老年に至るまでできるかぎり準備し完成するのが常であって、このことは老年になると最もはなはだしくなるが、それは老人だからではなく、その本性上長期にわたればわたるほど常にますます迅速に運ばれる物事のあり方に従って、かなり先まで事を進めてしまっているからなのである。

三　習慣からくる気質の相違

習慣からくる相違は、次のことのせいで生じる。すなわち、何か新しいことは不快感を与える、言いかえれば、新しいことに対して人間の本性は最初のうちは抵抗を示すが、同じことがしばしば繰り返されると、それは本性を屈従させ、なるほど最初はそのこと自身に耐えるよう人々を強いるが、しかし間もなく愛するよう強いるようになる、ということである。このことは身体の管理に関して最も顕著であるが、それに次いで心の働きに関しても顕著である。それゆえ、若いときから酒を飲む習慣のついている人々がこの習慣をやめるのは、容易なことでは全然ないし、どんなものであれある見解を子供のときから吹き込まれてきた人々は、大抵は年をとってからもこの見解を保持している。ことに、自分の慣れ親しんでいる物事に関係のある事柄に関してでなければ、真偽についてあまり頓着しないような人々はそうである。それゆえ、各人が幼いころから学んできた宗教や教説は、あらゆる国々の国民のもとで、彼らを絶えず監視して、それらに同意しない人々を憎んだりそしったりするようにさせる。このことはとりわけ、万人のなかで罵詈雑言を放つことが最も似つかわしくない者である神学者たちの、最もすさまじい罵詈雑言に満ちた書物から明らかなとおりである。こういう人々の気質は平和と社会的結合に適していない。

習慣からはまた次のようなことも生じる。すなわち、危険のうちにしばしば、かつ長い間身を置いた人々は、ものに脅えにくい気質を持ち、長期にわたって名誉のさなかにあった人々は、自分のことをもう感嘆しなくなった人々のように、気質上傲慢なところが少くなる、ということである。

四　経験からくる気質の相違

外的な物事の経験、ということから、気質は用心深いものとなる。反対に、僅かな物事の経験しか持っていない人々は、大抵の場合、軽率な気質の人々である。なぜなら、人間の心は理性的に思考するさいに既知の物事から未知の物事へと進むが、感覚からくる認識なしには、言いかえれば数多くの結果の経験なしには、遠い先まで物事の結果を見通すことはできないからである。このことから、人間の気質が不本意な結末によって矯正される、ということが生じる。すなわち、大胆な気質はたびたびの不運によって、野心的な気質は公職へのたび重なる不採用によって、厚かましい気質はたびたび冷や水を浴びせられることによって矯正されるし、最後に子供たちの気質は、鞭によって両親や先生方の欲するあらゆる気質へと形成される。

五　運のよさからくる気質の相違

運のよさから、すなわち富や生まれの高貴さや公的権力から、気質がかなり多様に異なってくる、ということが生じる。なぜなら、富や公的権力があると大抵の場合、気質はそのせいでいっそう傲慢になるからである。そしてそうなるのは、より多く権力のある人々ほど、より多くのことが自分の自由になることを要求する、ということはつまり、不法行為を引き起こす傾向が強い、ということに加えて、自分よりも権力のない人々と公正な法の下で社会的結合に入ることに、いっそう適さなくなる、ということのゆえである。家柄の古い貴族は、自分自身に当然帰せられるべき名誉に関して十分な保障があるので、各人に名誉を授けることに関してたしかに気前よく、好意的であることができる、という理由のゆえに、親切な気質を形造っている。新興の貴族の気質はもっと懐疑的であるが、その理由は、自分にどれほどの名誉が授けられてしかるべきかがまだ十分に確かになっていないので、彼らは自分より下位の人々に対してはしばしば冷厳になりすぎ、対等の人々に対しては控えめになりすぎるからである。

六　各人が自分自身について持つ見解からくる気質の相違

各人が自分自身について持つ見解から〔も、気質の違いが生じる〕。なぜなら、自分では自分のことを賢明だと思っているが実は賢明でない人々が、自分自身の欠点を矯正するのに向かない気質を持つということは、この自分自身についての見解から生じることだからである。こういう人々がそういう気質を持つのは、自分自身に矯正しなければならない点があるとは考えないからである。反対にこの手の人々は、他人のしたことを訂正したり非難したり嘲笑したりしがちなもので、たとえば自分の意見に反してなされたことを見ると、それがどういうことであれ、そうしたのは正しくなかったと考えるような人々がそうである。それゆえこういう人々は、こうあってほしいと自分が思うとおりに統治されていない国家を悪い統治のなされている国家とみなす人々でもあり、したがって他の人々よりも革命に適している。自分のことを学があると思っている人々の気質も同様である。そういう人々は自分のことを賢明だと思うからである。なぜなら、学があっても賢明さにつながらないのでは、誰も学のある者でありたいとは思わないであろうから。このことから、教育者は厳格で喧騒を厭う気質の人々であることが非常に多い、ということが生じる。たとえば、自分は子供たちの風紀を形成するために選ばれた者だ、と思っているので、その子供たちの親の風紀を監察せずにはほとんどいられず、ましてやその子供たちと同居する人々の風紀を監察せずにはいられないような人々は、その例である。さらに、その教説によって公衆の風俗を支配するために用いられる人々、すなわち教会の博士たちもまたこの例であって、彼らは自分が誰によってこれほど重要な職に任ぜられているのかをわきまえずに、他ならぬ王や教会の最高指導者たちさえも自分の支配を受けるべきだと要求している。この博士連中は、自分にこの職務を許したのは王でもなければ、人民の救済についての配慮を神から委ねられた人々でもなく、神が直接それを自分にお許しになったのだ、というように見てもらいたがるのであるが、これは国家の最高の危険を伴うことである。同様に、法の解釈のために国家によって選任される人々も、国家がこれほど大きな立証をしてくれているせいで、自分自身を他の人々よりも賢明な者だと思わずにはほとんどいられない。それゆえ、彼らは自分の職務を、ただ判決を下すこと、言いかえれば、法すなわち国家の命令を説明することだけにではなく、法を与えること、言いかえれば、最高命令権者を、ということはつまり国家を制御することにも、使用することをしばしば要求する。このことは大抵の場合、内戦の発端であるのが通常のことである。すなわち、法に非常によく精通しているとみなされている人々から国家の指導者が不正についての告発を受けると、楽しみな野心のせいか、はたまた家産を使い減らしてしまったせいかで革命と内戦を好都合とする連中が旗を振って、法に通じていないことはなはだしい民衆が、国家の指導者に、ということはつまり国家そのものに敵対して武器をとるのである。

七　権威者たちから〔も、気質の違いが生じる〕。

さて私は、誰かある人が他の人々を賢明とみなす見解に導かれて後者の教訓や範例に従う場合に、後者を前者にとっての、各々の物事についての権威者と呼ぶ。こういう権威者たちによって、彼らが善い権威者ならば若者たちの善い気質が形成され、悪い権威者ならば悪い気質が形成されるのであるが、その場合の権威者は先生方であっても両親であってもよいし、また至るところでその賢明さによって称賛されているのを若者たちが耳にするような、他のどんな人々であってもよい。なぜなら、若者たちは称賛されている人々を尊敬し、見倣うにふさわしい人々だとみなすものだからである。このことから第一に、若者たちの両親や先生方や保護者たちは、いかに真実なよい教訓によって若者たちの心を浸さなければならないか、ということばかりでなく、若者たちの気質は教訓によって善い習性に向かうように仕向けられるよりも、範例によって悪い習性に向かうように仕向けられるほうが、少いどころかずっと多いからには、右のような人々は若者たちのいるところでいかに敬虔に、かつ正しく振舞うべきか、ということもわかる。第二に、若者たちの読むことになる書物はいかに健全で、敬虔で、有用なものであるべきかがわかる。しかるに、民主制はなやかなりしころか、もしくは民主制が崩壊して間もないころのローマの市民たちによって書かれた書物は、あるものは民衆の気質を自国の王に対して敵意あるものにするような教訓に、あるものはそのような範例に満ちており、アテナイ人たちの共和制はなやかなりしころのギリシア人たちによって書かれた書物もまたたしかにそうである。そしてこれらの書物が民衆の気質に対してそのような効果を持つのは、不忠実な人間どもによってしでかされた破廉恥行為、すなわち王の弑逆が、これらの書物の中では、その王が殺される以前に僭主呼ばわりされてさえいれば称賛されているのが見られるからである。しかし民衆の気質は、王家のことに関しては王権が、国家公共のことに関しては教会職者がある、と主張するような書物を読んだり、そのような演説家の話を聴いたりすることによって、なおいっそうひどく堕落させられる。なぜならこういうことから、カッシウスやブルートゥスのような連中[1]に代って、自国の王を殺して他国人の野心に追随したときにも自分は神に奉仕しているのだと思い込んでいた、ラヴァイヤックやクレマン[2]のような連中が生じるのだからである。

八　異なる人々には異なる徳があること

気質は、馴染むことによって、理性の抵抗を受けずに容易にその作用を生じさせるほど強固になった場合には、習性と言われる。さらに習性は、善い習性であれば徳と呼ばれ、悪い習性であれば悪徳と呼ばれる。しかし、同じことが万人にとって善かったり、万人にとって悪かったりするわけではないので、同一の習性が、こちらの人々からは称賛されあちらの人々からは非難されるということ、言いかえれば、ある人々からは善い習性だ、徳だと言われるのに、他の人々からは悪い習性だ、悪徳だと言われる、ということが起こる。それゆえ、人の頭数《あたまかず》があるのと同じだけの意見があると言い慣らわされているように、人の数があるのと同じだけの、徳と悪徳についての異なる規則がある、とも言える。ただしこのことは、ただ人間たるかぎりでの人間だけについてのことと解されるべきであって、市民たるかぎりでの人間についてのこととは解されるべきでない。なぜなら、国家の外にいる人々の場合は、そのうちのある者が他の者の意見に従うように拘束されはしないが、しかし国家の中では、約定によってそのように拘束されるからである。このことからわかるように、人間をそれ自体として、あたかも市民社会の外にいるかのように考察する人々は、徳と悪徳がそれによって評価・定義されうる確実な尺度を欠いているために、道徳上のいかなる知識も持つことができない。なぜなら、あらゆる知識は定義から始まるものであって、そうでなければ知識とは言われるべきでない。

(1) カッシウス（?～前四二）は共和制末期のローマの将軍、ブルートゥス（?～前四三）は同時代のローマの政治家で、ともにカエサルの部下であったが、カエサルがローマの事実上の君主として振舞ったことに対して、元老院を中心とする共和制の伝統を守るという名目で、紀元前四四年に共謀してカエサルを暗殺した。

(2) ラヴァイヤックは一六一〇年にフランス国王アンリ四世を暗殺した狂信的カトリック教徒、クレマンは一五八九年に同国王アンリ三世を暗殺した修道士。前者はナントの勅令（一五九八年）に代表されるアンリ四世の新・旧両教融和の宗教政策を、後者は一五八八年にアンリ三世がユグノー戦争におけるカトリック強硬派の首領ギーズ公アンリを殺害したことを、カトリック教に対する敵対行為として憎悪し、この凶行に及んだ。この二件の国王暗殺が外国の関与によるものだという証拠はないが、ギーズ公がスペインの後押しでアンリ三世の王位をうかがっていたこと、アンリ四世が暗殺される直前に神聖ローマ（ドイツ）帝国との開戦を決意していたことなどの事情にかんがみて、「他国人の野心に追随した」とホッブズは述べたのであろう。

はなく、純然たる言説と言われるべきだからである。

九　習性の評価尺度は法である

それゆえ、徳と悪徳の共通の評価尺度は市民生活の中にしか見出されず、この原因のゆえに、この評価尺度は各国の法以外のものではありえない。なぜなら、自然法は国家が建てられると市民法の一部になるからである。そして、さまざまな法によって無数の国家が存在すること、またかつて存在したことは、右に述べたことの妨げにはならない。なぜなら、法がどのようなものであっても、その法に違反しないことはいつでもどこでも市民の徳とみなされ、その法をないがしろにすることは悪徳とみなされるからである。それゆえ、ある国家においては正しい何かある行為が、他の国では不正であるとしても、正義とはすなわち法に違反しないことであって、このことはどこでも同じであるし、これからもそうであろう。☆

　さて、国が異なればさまざまに異なる市民法によって測ることのできる道徳上の徳は、正義と公正のみであるが、これに対して純然たる自然法によって測られる道徳上の徳は、隣人愛のみである。そしてこの二種類の徳のうちに、習性の徳のすべてが含まれている。これに対して、枢要徳と呼ばれる徳のうち、正義以外の三つの徳、すなわち勇気・知恵・節制に関していえば、これらは右のような市民としての市民の徳ではなくて、人間としての市民の徳である。なぜなら、この三徳は国家にとってよりも、これらの徳を持つ個々の人々自身にとって有用だからである。国家は善き市民たちの勇気と知恵と節制によってのみ保たれるように、敵たちの勇気と知恵と節制によってのみ滅ぼされるのだから。じっさい、勇気あるいは知恵は、習性の善さというよりはむしろ心の力であり、また節制は、道徳上の徳というよりはむしろ、欲深い気質――これは国家でなくその人自身を傷つける――から生じる悪徳の欠如していることである。右の区別の理由は、あらゆる市民が自分の善を自分自身に対して私的に持っており、これと同様に、国家もそれ自身の善をそれ自身に対して公的に持っているから、ということにある。また実のところ、私人の勇気や知恵がその人自身にとってだけ有用なものであるなら、これらが自らにとって有用なわけではない国家やどんな他の人々からも称賛される、つまり徳とみなされる、ということは要求されるべきではない。けれども私は、習性と気質についてのこの学説全体をごく僅かな言葉に集約して、「市民社会を始めるのに適した気質はたしかに善い気質であり、始まった市民社会を最もよく保存することができる習性は善い習性、すなわち道徳上の徳である」と言う。しかるに、あらゆる徳は正義と隣人愛のうちに含まれている。それゆえ、正義と隣人愛に反する気質は悪しき気質であること、この二徳に反する習性とあらゆる悪徳は、不正と、他人の害悪に対して鈍感な心、すなわち隣人愛の欠如とのうちに含まれていることもまた、理解されうるのである。

第十四章　宗教について

一　宗教の定義

宗教とは、神を真摯にたたえる人々の外的崇拝である。しかるに、神を真摯にたたえる人々とは、神がましますことだけでなく、あらゆる物事の全知全能なる創造主にして支配者であられ、そのうえ順境・逆境の物事を御自身の自由意志のままに配分される方であられることをもまた、信じている人々のことである。それゆえ、端的な意味での宗教、すなわち自然宗教には、二つの部分がある。その一つは信仰、すなわち「神はましまし、万物を統べたもう」と信じることであり、もう一つは崇拝である。ただし前者、すなわち神への信仰についての部分のほうは、神に対する敬虔と呼びならわされている。なぜなら、右のことを信じる人は、万事につけて神に従うよう努力しないではいられず、また順境にあっては神に感謝を捧げ、逆境にあっては神に祈願しないではいられないが、これらは最も本来的な敬虔の行ないだからである。こういう愛と恐れによって神を愛し恐れよ、と私たちが命じられるその愛と恐れは、これらのことのうちに含まれているのだから。

二　神を愛し恐れるとはどういうことか

ただし、人間は人間を愛するような仕方で神を愛してはならない。なぜなら、人間に対する人間の愛とは、いつくしむことの欲、もしくは好意という意に常に解されているが、この両者はどちらも、神に対する愛について考えるのは不適切なことだからである。神を愛するとは、神の命令を喜んで行なうことである。神を恐れるとは、私たちが常々法を恐れるような仕方で、罪に陥らないよう用心することである。

三　信仰とは何か

さて、信仰とは、「神は万物を導き支配したもう」と私たちが信じる信仰であるほかに、人間本性の理解力を超えたところにおかれている諸事物についての信仰である場合には、教える人々の権威から生じる見解のことである。それゆえ、語っている人が自分の語っていることを知ったのは、何かある超自然的な仕方によってであろう、という見解が先行していたのでなければ、私たちがこの人の言っていることを信じなければならないいかなる理由もありえない。したがって、私たちが超自然的な物事に関して誰かの言うことを信じるのは、その人がそれ以前に何かある超自然的な行動をしたということを信じる場合だけであって、そうでなければ誰の言うことも信じはしない。さらに、「私の言うことや教えることは、諸々の奇蹟によって確認された」と誰かある人が言うのを信じることは、この人自身が奇蹟を作り出したのでなければ、どうして可能であろうか。なぜなら、奇蹟がなくても一私人の言うことを信じなければならないとしたら、異なることを教える人々のうちのある人の言うことを、他の人の言うことよりも信じなければならないのはどうしてか、ということになるからである。それゆえ、私たちの宗教の最も大いなる部分と、いとも忝《かたじけな》き神への信仰とが、私人たちに依拠するなどということは、彼らが奇蹟を行なうのでないかぎりあってはならないことである。

四　信仰は法に依拠する

自然的敬虔に基づく宗教を除いて、宗教は私人に依拠しないとすれば、奇蹟がかなり以前から起こらなくなっている以上、国法に依拠することが必要である。それゆえ、宗教は哲学ではなく、あらゆる国家において法であり、したがって学問的に議論されるべきものではなく、実行されるべきものである。なぜなら、神のことを栄光に満ちたものとして考えるべきかどうかも、神を愛し、恐れ、崇めるべきかどうかも、疑問とされうるようなことではないからである。こういったことはあらゆる国々の国民を通じて諸宗教の共通点なのだから。学問的議論がなされるのは、人と人とで意見が一致しないような物事のみであり、したがって、神に対する信仰についてのことではないような物事のみである。しかしこういった学問的議論に際して私たちは、知識の支配下にないような物事についての知識を得ようと求めるかぎり、私たちのうちにあるだけの神への信仰を破壊してしまう。なぜなら享受することが定まれば希望は奪われるのと同じように、知識が定まれば信仰は奪われるからである。さらに、使徒も教えているように、神の王国が到来すれば、「信仰」「希望」「〔隣人〕愛」の三徳のうち「信仰」と「希望」はもはや存在しなくなり、「愛」のみが存続する。[1] それゆえ、自然の創造者たる神の本性についての諸々の探究は穿鑿好きに過ぎる探究であって、敬虔の行ないの

(1)「コリントの信徒への手紙一」第十三章第八～十三節を念頭に置いたものか。

うちに数え入れられるべきものではない。神について学問的に議論する人々は、万人が既にして信じている神に対しての信仰を欲するよりも、自分で自分に納得したがっているのである。

五　神によって人々の心に刻印された正義

ところで、神を愛することは神の命令に従うことと同じであり、神を恐れることは神の命令に反する何かあることを行なうのを恐れることと同じであるから、「何が神の命じたもうことであるかを何から知ることができるか」ということが問題として再燃する可能性がある。この問題に対しては、「神が御自身で、人々を道理にかなった者とするであろう当のことを人々に教示され、『何人《なんぴと》も、他人が自分に対して行なうのを不当なこととみなすようなことを、何人に対しても行なうなかれ』というこの法を、万人の心に刻印された」と答えることができる。この教えのうちには、普遍的正義と市民的服従が含意されている。じっさい、人民を支配し法を制定することのために、国家において最高権力を伴う地位に自分が人民によってつけられたとした場合に、自分の法が誰にせよ臣民によって拒絶されることや、自分の権威がないがしろにされたり、ましてや学問的議論の対象にされたりすることを、不当でないと判断するような者が誰かいようか。それゆえ読者よ、あなたは自分が王であるとした場合にそういったことをされるのを不当とみなすからには、法をあなたの行為の最も確かな規則とみなしているのではないか。しかるに、最高権力に、すなわち最高命令権者の法に従うよう命じる法は、神的な法でもあるのである。

六　神はいかなる厳罰にもよらずに、不正なく罪をお許しになることができる

しかし、人間は既に神の命令に違反してしまっていて、日常的に罪を犯している以上、神が人間から諸々の罪の罰を要求なさらないということは、いかにして神の正義と両立可能なのか、と言う人がいる。けれども、仮にある人間が自分に対して引き起こされた不法行為に対して決して報復しないとした場合、またいかなる復讐も贖罪も全然要求しないほど寛大な態度をとるとした場合、私たちはこの人を不正な人とみなすであろうか、それともむしろ聖なる人とみなすであろうか。〔当然、聖なる人とみなすであろう。〕それならば、神は人間よりも憐憫の心に乏しい、などと主張するのでないかぎり、神が罪人たちに対して、少なくとも悔い改める者たちに対して、彼ら自身もしくはその身代りとなる他の者にいかなる罰もお受けさせせにならずに、お目こぼしをなさる、ということができないいかなる理由もない。神はかつて人民の罪の代価として供犠を要求されたといっても、この供犠は罰という意図を持つものではなく、罪人たちが神の方へと向き直り、以前の服従に立ち戻っていることのしるしとして定められていたのである。それゆえ、私たちの救世主の死は罪人の処罰ではなく、罪の代価としての供犠であった。そして、救世主が私たちの罪を負われる、と言われることが罰という意味に解されるべきでないのは、かつての供犠がそのように解されるべきでないのと同じである。この供犠は、ユダヤ人たちの犯した罪を犠牲獣において罰することではなくて、感謝する人間たちの捧げ物であったからである。神がイスラエルの民にお求めになったものは、毎年二頭の山羊であったが、そのうち一頭は捧げ物として犠牲に供されたのに対して、もう一頭は人民の罪を身に担わされて、いわば人民の罪を運び去るべく荒れ野に追いやられた。これと同様にキリストも、十字架につけられた者としては殺

されたのであるが、しかし私たちの罪を身に担われた方としては復活されたのである。仮にキリストが復活されなかったとしたら、私たちの罪は残ったままである、と使徒は言っている[2]。

七　誰の正しい行ないも罪ではない

それゆえ、敬虔は信仰と正義と〔隣人〕愛のうちに存し、さらに正義と〔隣人〕愛は道徳上の徳であるから、正義と愛を「輝かしき罪」と呼ぶ人々に私は賛同できない。もし本当に正義と愛が罪であるとしたら、ある人が他の人々よりも聖なる人であればあるほど、この人をその分だけ正しくない者として、信用してはならないことになるであろう。それならば、正義を行なう人々にあって神の御心にかなわないことは、何であろうか。御心にかなわないのは、信仰を、ということはつまり敬虔の最大の部分を欠いている人々の偽善である。なぜなら、そういう人々の非常に多くの行ないが正しいものであったとしても、正しい行ないや施しをただ名声のためだけに行なったり、勢力を得ることや罰を逃がれることのために行なったりする人々は、不正な人々だからである。それゆえ、神は御自身の民の人身御供を嫌われたと言われているものの、この人身御供も、神がそれをお命じになった場合には罪ではありえなかったのであるが、しかし神にとっては、信仰なき正しい行ないと同様に、正義と愛のないあらゆる供犠と崇拝もまた、嫌悪の対象なのである。

八　崇拝の定義と区分

私たちがそれを崇拝する（colere）と本来的な意味で言われるものは、何であれ、私たちが従順と勤労によって、可能なかぎり私たちによくしてくれるようなものにしようと努める対象である。そういうわけで、私たちは大地を、それが私たちにいっそう多くの実りをもたらしてくれるものとなるように、耕す（colere）のであるし、権力のある人々を、その権力のゆえに、あるいは私たちに対する何らかの保護のゆえに、崇拝する（colere）のである。かくて私たちは神をもまた、私たちにとって恵み深い方のままであっていただくために、崇拝するわけである。したがって神への崇拝とは、神に対する敬虔のしるしであるような行為を行なうことである。なぜなら、このような行為は神の御心にかなうものであり、神はこのような行為によってのみ、私たちにとって恵み深い方にされうるからである。さて、このような行為は、私たちが人間を崇拝する場合に行なう行為と大抵は同じ種類のものであるが、ただし各種の行為のうちで最善の行為である。なぜなら私たちは、これ以外の敬虔のしるしを自然な仕方で示すことはできないからである。☆

さらに、崇拝には私的崇拝と公的崇拝とがある。私的崇拝とは、個々の人々が自分の自由意志によって示すような崇拝のことである。公的崇拝とは、人々が国家の命令によって示す崇拝である。私的崇拝はさらに、単独の一私人によって示されるものと、集まった複数の人々によって示されるものとがある。単独の一私人の示す私的崇拝は、真摯な敬虔のしるしである。なぜなら、見せかけだということもお見透しになる方以外の誰にも見られていない者にとって、見せかけることが何のためになるのか。集まった複数の人々の示す私的崇拝のほうは、見せかけのもの、あるいは下心のあるものでもありうる。単独の崇拝の場合はいかな

（2）「ローマの信徒への手紙」第六章第一～十一節を念頭に置いたものか。

る儀式もない。私が儀式と呼ぶのは、敬虔の行ないのしるしであって、しかもその行ないの本性からではなく、国家の自由裁量から由来するようなしるしのことである。というのは、祈ったり崇めたりする者が神の御前《みまえ》で卑下と服従のしるしとして平伏したり膝を屈したりすることは、自然が神のいますことを信じるようにさせたあらゆる人々にさせてきたことだからである。大多数の人々の私的崇拝には、同時に儀式も存在しうるが、その理由は、人々が共通の行為の恰好づけについて互いに共通な考え方をすることはありうることで、ただ何事も国法に反しさえしなければよいのだからである。もっとも、このことは見せかけのきっかけと誘惑ではある。しかし見せかけは時として罪のないものであることもある。なぜなら人間というものは、大勢が同時に一つの場所に集まった場合、群衆の本性からして次のようなことになるからである。すなわち、群衆をなしている自分たちが個々人の畏敬を受けることを欲するとともに、自分たちに対しても、また自分たちの面前でも、ふざけ半分の、軽々しい、野暮ったい、もしくはただたどしい話し方をする者や、あるいは自分たちが聴いてわかるかぎりの最も修辞をこらした話し方をしない者が、誰もいないことを要求し、なおかつ、自宅では誰も行なわないような、品位をもって飾られた所作を、要求せずにはいないということである。それゆえ、群衆に対して、もしくは群衆のいるところで、他の人々がみな黙っているときに話をする者には、他の状況でそうする場合よりも重くかつ神聖な役が帰せられるべきである。この種の役はたしかに演技者のそれであるが、しかしこれは罪のないものである。すなわち、個々人よりも多くの力を持つ群衆が要求するからそうなっているのである。

九　公的崇拝とは何か

公的崇拝は儀式なしにはありえない。なぜなら公的崇拝とは、神に対して持つ敬意のしるしのために、市民全員が決められた時と場所において示すよう、国家によって命じられた崇拝のことだからである。それゆえ、何が神の公的崇拝に際しての恰好づけであり、何がそうでないかを判断する権利は、国家の掌中にある。儀式は敬虔の行ないのしるしであるが、その行ないの本性によってのみ命じられるしるし――そのような崇拝は合理的であるが――ではなくて、国家の自由裁量によって命じられてもいるしるしである。そしてそれゆえに、異なる国々の国民にあっては、ある国の国民のもとで神の崇拝のうちに入る多くのことが、他の国の国民のもとではそうではなかったり、ある国々の国民の崇拝が場合によっては他の国々の国民の笑いものになったりすることが必然的なのである。神御自身が直接統治されたときのユダヤ人たちのもとでの崇拝を除けば、神が直接お命じになったいかなる崇拝も決してあったためしはない。ある国々の国民のある儀式は他の儀式よりもたしかに合理的であったが、しかし市民法によって命じられた儀式を行なうことは、万人のもとにおいて合理的なことである。

十[3]　崇拝の諸々の部分、祈り・感謝の行為・人前での断食・供物

崇拝の諸々の部分のうちには合理的なものもあれば、迷信的ないし空想的なものもある。合理的な部分は

（3）この節番号は底本のこの箇所では欠落しているが、底本の本章冒頭に置かれている節目次に従って補った。

第一に祈りである。なぜなら、私たちは祈りによって、神からは将来のあらゆる善いことが期待され、かつそれは神からのみ期待されるべきである、と私たちが信じていることを表わすからである。第二は感謝の行為である。なぜなら、私たちはこの行為によって、過去のあらゆる善いことは神から私たちに与えられたものであり、かつそれは神だけの恩寵によって与えられたものである、と私たちが信じていることを表わすからである。さて、敬虔な人々は祈りによって神の御心を和らげ、ときには神の御意志を変えることもある、と言われるが、これは神の御旨や永遠の御命令をお変えになるように神を強いることでは決してなく、あらゆる物事の規定者であられる神が、ある場合には人間の祈りに先んじて、ある場合にはその後に続いて、御自身の賜物をお与えになることを意志された、ということである。したがって、ときには祈りが、またときには感謝の行為が、感謝の祈禱（supplicationes）という一つの名で呼ばれることは、不適当ではないのである。☆

崇拝の合理的部分の第三は、人前での断食、ならびに罪を嘆く人々のその他の行ないである。なぜなら、これらは悔恨のしるし、すなわち、諸々の罪を恥じていること、さらに私たちが過去の罪の数々を自覚して、自分の力を頼むことが以前よりも少くなっていること、そして私たちが再び罪に陥らないよう将来において保証されたく思っていることのしるしだからである。さらに、卑下と悲しみは灰と袋と、地に身を投じることとによって表わすのが習いとされてきたが、これはこういった物事がないと恥と卑下は本物でない、ということではなくて、私たちの心をお見透しになっている神を崇めるにも、人間を崇めるさいにそれによるのが見られたのと同じ物事――人間はそのようなしるしによらなければ、本物の悔恨と判断することはできない――によってするよう、自然そのものが教えるからである。しかし、悔悟するや否や自分の罪は許されている、ということを確実だとみなしている人々が、なおかつ自分の悔悟したことを自覚すると、恥もまたある種の苦痛であるかもしれぬという点を除けば、それ以上苦痛を感じることはありえない。なぜなら、こういう考え方の人々が苦痛を感じている場合、このことは、自分の好んで行なっている罪を投げ捨てないかぎり自分自身が投げ捨てられなければならない、という苦難に自分が陥ってしまったことがわかっているから、彼らは苦痛を感じているのだ、ということの明らかなしるしだからである。それはちょうど商人が海上で、商品を投棄しないと自分が死ぬことになる、とわかっている場合に苦痛を感じるようなものである。それゆえ神崇拝において、罪の後の悲しみは似つかわしく、かつ自然的であるが、しかしこの悲しみは、嫌悪する心のでなく、恥じ入り卑下する心の悲しみでなければならない。☆

神の公的崇拝の第四の合理的部分は供物、すなわち供犠と捧げ物である。なぜなら、私たちのいただくすべてのものを下さっている方に何もお返ししないこと、すなわち神に何も捧げないこと、ということはつまり、自身の行なう奉仕の功績の代価として扶養されてしかるべき聖職者たちに公的神崇拝のいかなる部分も分け与えないことは、理にかなうことではないからである。その理由は次のとおりである。すなわち、教会においてはキリストの僕たる聖職者たちが福音によって、ということはつまり、感謝する人々がよき知らせとひき換えに与えたものによって扶養され、ユダヤ人や他の大多数の民族のもとでは捧げ物と犠牲獣によって司祭たちが扶養されたように、あらゆる国家において神崇拝の聖職者たちが、神に捧げられたもの、それゆえあらゆる種類のもののうちで最も完全であるにちがいないものによって扶養されることは、理にかなったことだから、ということである。

十一　さまざまな迷信的崇拝

複数の神々が存在すると信じる人々、すなわち、天空中にいる人間たちの国さながらの何かある種の天の国が存在すると考える人々の見解には、多様なものがあるので、迷信的崇拝はバラエティに富んでいて、とても語りつくすことができないほどである。さらに、天界にはこれらの神々に固有の言語が存在していて、同じものが人間と神々によって別々の名称で呼ばれている、と信じた人もいた。地上でロムルスと呼ばれた人が天界ではクイリヌス[4]と呼ばれたのはその例であるが、その他の名称に関してもこれと似たようなことが、たとえばギリシアの詩人たちや異教の教会の教父たちの間で見られる。それはほとんど、私たち俗人が国家と呼ぶものを聖職にある人々は教会と呼び、国家において法律と呼ばれるものが教会では教会法と呼ばれ、王国において尊厳と呼ばれるものが教会では神聖性と呼ばれるのと、同じような具合である。また、神々の国が一つというのでは満足せずに、ネプチューンの支配下にある海の神々の国と、プルートーの治下の地獄の神々の国である第三の国を、別々に立てた人々もいた。そのうえ、神あるいは女神と呼ばれなかったいかなる被造物もほとんどなかったし、それ自体で恵み深い神性である労働と勤勉を別として、祭壇や寺院に祭られなかったいかなる徳もほとんどなかった。要するに、名をつけることのできるものは何であれ、神にすることもできるものだったのである。こういうことがいかに自然の理に一致しないかを理解しない人は誰もいない。しかるに、各地の法はこういう迷信が宗教と呼ばれるようにし、かつその他のあらゆる迷信が崇拝と呼ばれるようにすることができたのであった。

十二　将来のことを心配する死すべき存在にとって、崇拝の目的はどのようなことか

あらゆる国家が神崇拝の理由としている目的は、これらの国々の神または神々が、あるいはその国自身に対して、あるいはまた個々の市民に対しても、好意的であるようにすることである。しかしながら、神の恩寵だけでは満足しない人々も非常に多い。なぜなら、彼らはこう考えるからである。「なるほど神は私に賜物をお与え下さるであろうが、しかしおそらくそれは私の欲しいものとは別の賜物であろうし、また悪いことを防いで下さるであろうが、しかしそれは私の賢慮をつうじてであろう。それゆえ、神が私にお与えになろうとする善いものとは何か、また私に迫ってきていて除かれなければならないようになっている悪いことは何か、私にわかりますように。」それゆえ、彼らは崇拝はするものの、その崇拝の仕方は、神の英知と寛大さのいずれかについて常に疑っているように見えるような仕方なのである。そしてこのことから、死すべき者はほぼ全員が将来の時について心配するあまり、とても容易には数えきれないほど多くの種類の予兆に気をとられる、ということになる。ところで、諸々の予兆のうちで確実なものはただ一種類、すなわち預言者の声であるが、ただしそれはこの預言者が奇蹟を行なった場合の話であって、奇蹟を行なわない場合の預

(4)　ロムルスはローマの建国者と伝えられる伝説上の英雄。クイリヌスは初期のローマで崇められた軍神で、後にはロムルスと同一視された。

言者の声は偽である。占星術は諸星座の観察によって、将来の偶然の出来事について判断したり、当事者双方に知らせたりすることをあえてするが、これは学問に属することではなく、貧窮を避けるための人間の策略であって、愚かな人々から略奪物を奪い取ることを目的としている。いかなる奇蹟も行なっていないのに自分が預言者であるようなふりをする者たちについても、これと同じように考えなければならない。夢想家たちは、何の奇蹟も起きなくても、自分の夢を将来の物事の予兆であると考えるが、これは愚かしいことであり、こういう連中が自分の言うことを信じろと要求するなど正気の沙汰ではないし、国家の災いをゆえなく予言するに至っては犯罪である。悪意ある女〔魔女〕たちは、この者らに災いあれかしと彼女らが願う相手の人々に対して害をなすということを、非常に多くの人々が信じている、などということは真ではない。けれどもこういう女どもは、他人にあれかしと願っている災いが自分の望むとおりに起こる場合には、自分が見たと、そして自分の頼んだ仕事を契約によって請負ってくれたと夢想している悪魔が、自分の祈りによってその災いを引き起こしてくれたのだ、と思いなすものである。まるでその災いがかつて自分の仕組んでおいたものであると白状するかのように。それゆえこういう女どもは、将来のことを知っているのではなく、自分の求めることが将来あってほしいと希望しているのである。しかしながら彼女らは、あるいは他人に害をなしたいという意志のゆえに、あるいはまた邪悪な崇拝のゆえにも、処罰されて不当ではない。さらに、心の予感すなわち恐怖と希望や、また各人にとっての夢も、預言の働きのあるものとみなされた。同様に、鳥の思いがけない移動も占いであったし、家畜の腸は将来を予見するものとして人々が欲しがっていたものである。意図せずに語る人々の言葉も将来の予言と信じられていた。あらゆる異常事や怪異や不可思議は、神々がそれらをつうじて将来のことを示すものと見られていたので、語り草となっていた。人々はまたさまざまな種類の籤も用いていた。すなわち、あらゆる偶然事に際して自分の運をためしたのである。これだけでなく、他にも予知の仕方は無数にあったが、人間の愚かしさについてあまり長々とかかずらうことを避けるために、それらには言及しない。

十三　宗教を変化させるものになりそうなものは何か

宗教を変化させるものは通常二つあり、両方とも司祭たちに関わっている。それは不条理な教義と、自分の教えている宗教に反する彼らの風紀である。じっさい、ローマ教会の思慮ある人々も、互いに矛盾する言葉がその時だけでなくいつまでも民衆に信じられるようにすることも自分たちには可能である、という希望を抱くほどにまで、民衆の無知を悪用することが自分たちはできると思っていた時には、誤りを犯したのであった。民衆は徐々に警戒するようになり、とうとういつかは彼らの用いる言葉の正体を悟るものである。そしてこのことから次のようなことになる。すなわち、宗教の教師たちが互いに一致しないことを自ら語るのみならず、そのように語ることを他人にも宗教上の命令として命じるのを見るせいで、人々はときにはこの教師たちを無知な連中として軽蔑しがちになり、またときには宗教そのものを虚偽ではないかと疑って、それを正すかもしくは国家から駆逐するかしがちになるのである。それゆえ宗教の教師たちにとってとりわけ用心しなければならないことは、神を崇めることの諸規則に自然学者たちの学説から由来する何かあることを混入させないようにすることである。なぜなら、人々は自然の諸事物についての知識を何も持っていないので、時として不条理な諸命題に落ち込むことはほとんど避けられず、しかもこういう命題は後々、その不条理なことが学のない人々によっても暴かれて、それらが教えることのすべてが軽蔑されるようにするからである。ちょうど、ルターによって暴かれたローマ教会の教師たちの無知のせいで、わが国〔イギリス〕でもその他の国々でもローマ・カトリック教の大部分が廃されたばかりでなく、これらの国々自体がローマ教会への従属から離脱してしまいもしたように。けれども、もし全質変化(5)について、すなわち物体と場所の本性についてや、自由意志について、すなわち意志と知性の本性についてや、その他の物事――話を簡潔にするためにいちいち挙げないが――について、何も言わずにいたなら、ローマ教会の人々は以前得ていた利益を保つことができたであろう。☆

宗教の変化のもう一つの原因、すなわち風紀に関しては、次のことが明らかである。すなわち、命じられなければ信じがたいような物事を信じよと命じる者が、自分自身はそれを信じていないかのような生活をするのを目のあたりにしたときにも、この者を欺瞞者だとも、この者が信じよと命じることを信じるべきでないとも考えないほど愚かな人は、民衆のうちには誰もいないということである。とりわけ、その物事を信じることが、信じよと命じる者の利益になる場合はそうである。それゆえ司祭たちが、いたる所で教えているように、他の人々よりも貪欲でなく野心的でなく傲慢でないようにし、また感覚に耽ったり、世俗の、すなわち政治上の問題に首を突っ込んだり、人を悪く言ったり妬んだりすることも少ないようにするとともに、他人よりも質朴な心をもつように、言いかえれば他人以上に開け広げで同情心に富み誠実であるようにすることこそ、信仰者のつとめるべきことである、と教えておきながら、自分自身はそのとおりにしないとすれば、その後彼らに信用が寄せられなくなるとしても、彼らは文句を言うべき筋合いはない。私としては、聖使徒たちの時代にキリスト教が著しく勢力を伸ばした原因の大部分は、異教の司祭たちの聖ならざる生活ぶりにあったと思っている。すなわち、彼らは民衆と共通の悪徳があったばかりでなく、国家同士の争いに首を突っ込んだり、乳母が幼児を監視するさいにやるのを常とするような仕方で神々を監視すること、すなわち、自分が欲する者以外の者には神々と近づきになることがないように、また自分が薦めた者以外の何人《なんぴと》をも神々が愛さないように監視することをやったりしていたのである。しかして、貪欲な人々が薦めた者というのは、自分たちの受け取る利益を提供してくれるような者たちだけであった。

(5) 聖餐のパンがキリストの肉に、葡萄酒がキリストの血に変化する、ということを意味するカトリック神学上の概念。

第十五章　仮構上の人間について

一　人格の定義

ギリシア人たちが προσώπον と言っているものを、ラテン人たちは、ある場合には人の facies（顔）ないし os（顔面）と言い、ある場合には persona（面）と言っている。ただし、facies は人間の顔の場合、persona は仮構上の人間の面の場合と解されることを、ラテン人たちは意図している。この面とは、劇場で喜劇役者や悲劇役者がつけるのを常としていたような面である。なぜなら、劇場では役者自身がではなく、誰かある別の人、たとえばアガメムノーンが語るのだと、すなわち、アガメムノーンの仮構上の顔をまとった、その時の状況に応じてアガメムノーンになっている役者によって、アガメムノーンが語るのだと解されていたからである。しかしその後、仮構上の顔がなくても、すなわち、自分は自分が演じようとする登場人物誰それである、と演じ手が名乗ることによっても、そのように解されていた。国家においても劇場に劣らずこの種の仮構が必要であるが、それはその場にいない人々の取引や契約のためである。この persona（人格・役）の政治面での使用に関しては、次のように定義することができる。「人格とは、自分自身のであれ他人のであれ、人間の言葉や行為がそれに帰せられるもののことである。」自分自身の言葉や行為が帰せられる場合は自然的人格であり、他人の言葉や行為が帰せられる場合は仮構的人格である。それゆえ、時が違えば同一の役者が違う面（persona）をつけることができるように、どんな人でも複数の人間を代理することができる。

「私は一人で三人の人格〔役〕を、すなわち私と敵と審判者の人格〔役〕を担っている」とキケロは言っている。これはいわば、キケロ一人を彼自身とも敵とも審判者とも考えることができる、と言ったようなものである。

二　本人と権威〔本人性〕とは何か

国家において人格〔役〕を担っている人々には、自分がその人格〔役〕を担っている相手が命じるからそうしている人々と、相手が命じないのにそうしている人々とがいる。それゆえ、ある者が自分によって代理されることを欲していない人の人格において行なうことは何であれ、この者自身すなわち行為者にのみ帰責される。けれども、他人に命じられて行なうことは、常に命じる人の行為である。ただし場合によってはそれが代理者の行為でもあることがある、言いかえれば、かたや本人の、かたや実行者の、というように両人の行為であることもあるが。なぜなら、他人の行なう行為が自分の行為とみなされることを欲する、と公言した者は、本人（author）と呼ばれる、すなわち、所有の場合には所有主（dominus）と呼ばれる者が、行為の場合には本人と呼ばれるからである。それゆえ、他人の権利によって何かを行なう者は、権威（authoritas 本人性）を持つと言われる。なぜなら、本人たる者自身が行為する権利を持つのでなければ、実行者は行為する権利を持たないからである。それゆえ、誰かある人が、自分は権威を持つのか否かを知らずに、実行者と約定したり、どんな契約であれ契約をしたりする場合、彼はそれを自分自身の危険において行なうのである。けれどももし誰かある人が他人の命令で罪を犯すなら、どちらも権利によらずに行なったのであるから、両人とも罪を犯すのである。もっとも、国家がそれを強く命じたとすれば話は別で、それなら実行者は拒絶してはならないことになる。

三　保証人ないし担保者とは何か

同様に、保証に際しては、保証人は自分が保証してやる相手の人格を身に帯びる。なぜなら保証人は、約束する者を信用する人が約束する者に対して抱く信用の本人であり、彼すなわち保証人自身の危険において、約束する者を信用するよう命じているのだからである。それゆえ保証人は担保者と言われる。

一個人が一個人の人格を担いうるだけでなく、一人が多数者の人格を担ったり、多数者が一人の人格を担ったりすることもまた可能である。なぜなら、複数の人間が「われわれは今後、誰かある一人の人の、もしくは複数の人々からなる集合体の行なったことを、それが何であれ、われわれ各人の行為とみなすものとする」という合意をするとすれば、彼らの各々は、この人または集合体の行なう行為の本人となるであろうから。それゆえ、この本人たる各人は、自分自身を非難することなしには、この人または集合体のいかなる行為も非難することはできない。同様に、あらゆる王および各種の国家の最高指導者は、神を主と認めるとすれば、神の人格を担うのである。しかしとりわけ、支配者たる神の人格を最初に担っていた者はまず第一にモーセであり、その次にはキリストであったが、五旬節の日に聖霊が使徒たちに目に見える形で降臨した後の今日では、教会が、ということはつまり、国全体における教会の最高指導者がこの担い手である。それゆえ、人々の慣わしにより、神はあらゆる国々において諸々の所有物や土地や権利やその他の神自身の財産を、すなわち神に捧げられたものを所有するが、しかしこれらは国家によってのみ定められたものである。なぜなら、神の意志は国家によってでなければ認識されず、しかも代理される神が代理する人々の行なう行為の本人であるためには、代理される神の意志が必要とされるので、神が国家の意志によって人格となることが必要だからである。

四　人間以外の諸事物も人格を有すると解することができる

さらに、魂のない事物にも人格が存在しうる。言いかえれば、そういう事物も諸々の所有物やその他の財産を所有したり、権利によって行為したりすることができる。たとえば、寺院や橋やその他どんなものでも、その保存のために費用を必要とするものはそうである。そしてそういう事物の人格を担うのは、国家によって定められた管理者であり、その結果この人格は、国家の意志以外に意志を持たない。

さて、この種の仮構のうち、国家において使用されてきたものは何であるか（しかもこれが最大の仮構である）ということは、『市民論』である第三部で述べることにしよう。

自然法は人間たるかぎりでの人間に関わっているが、しかしこの自然法については、善い習性のうちに含まれているということ以外、この第二部では言及しなかった。しかし自然法は既存の市民法と強制権力によってしか観察されえないので、法としての自然法についても同じ第三部で十分に詳しく論じることにしよう。

解説

本書の成立時期

本書『人間論』(*De Homine*) は、『物体論』(*De Corpore*)、『市民論』(*De Cive*) の両著とともに、十七世紀イギリスの哲学者・社会思想家トマス・ホッブズ (Thomas Hobbes 一五八八〜一六七九) の哲学上の主著である三部作『哲学原本』(*Elementa Philosophiae* または *Elementa Philosophica*) を構成する著作であり、その第二部に当たるものである。ただし、本書の刊行はこの三部作の中では最も遅い一六五八年のことで、時にホッブスは齢七十に達していた。既刊の『市民論』拙訳の訳者解説の中でも述べたように、ホッブズの九十一年の生涯は、(1)幼・少年期 (一五八八〜一六〇八)、(2)学問的・思想的醸成期 (一六〇八〜三九)、(3)人生の波乱と思想的生産の時期 (一六四〇年代と五〇年代)、(4)晩年 (一六六〇〜七九) の四つの時期に区分して考えるのが好便であるが、本書『人間論』はそのうちの(3)の時期、すなわち、ピューリタン革命──→共和制成立──→王制復古というイギリスの歴史的激動と、それに伴う著者自身の亡命・帰国のどさくさの中で、彼の主要著作のほとんどが世に出た時期の、一番最後に刊行されているわけである。ちなみに、この時期における彼の他の主要著作の刊行年を見ると、『法学要綱』(*Elements of Low, Natural and Politic*) が一六四〇年、『市民論』初版が一六四二年、第二版が一六四七年、同書の英訳と『リヴァイアサン』(*Leviathan*)が一六五一年、そして『物体論』が一六五五年という順になっている。

本書の構成・内容

本書は、冒頭のデヴォンシャー伯宛献辞と十五の章から成っており、第一章から第九章までを前半部、第十章から第十五章までを後半部と見なすことができる。

前半部（第一～九章）

前半部のうち第一章は、当時の生物学・生理学の知見に基づいて、人類の起源、人間の生理機構（栄養摂取・循環・呼吸等のしくみ）の成り立ち、死の原因、個体の発生について論じたものである。第二章から第九章までは、当時の光学に立脚した視覚理論であり、目の構造、対象とその運動についての視覚的知覚のメカニズム、視覚の混淆や視覚的誤認の原因、対象の実際の位置と見かけの位置の関係、透視図法（遠近法）の原理、屈折や反射によるものの見え方の変化、眼鏡・望遠鏡・顕微鏡等による視力の補正・拡大のメカニズム等について論じている。この視覚理論は、後述する『物体論』と全く同様に、ユークリッド幾何学の証明方法を応用したホッブズ独自の物理学的説明によっており、代数計算・解析幾何の方法によらない点で一般的な近・現代の物理学とは異なるものの、その体裁は完全に数学的物理学の書物のそれである。

後半部（第十〜十五章）

後半部は、一転してごく普通の哲学書の叙述スタイルにより、感覚よりもさらに高次の人間の認識機構と、さまざまな心理的・精神的現象の成り立ちや働き方について論じたものである。その大まかな内容は次のとおりである。

第十章「言説と知識について」

言説の定義と起源、言説能力の功罪、知識と単なる認識の区別について論じている。この最後の点に関して、知識は定理（一般的命題）の真理についての認識であり、人間の能力と自由意志のうちにある前提された原因から、幾何学（純粋数学）の証明によるアプリオリな推論によって得られるのに対し、単なる認識は事実（定理が真でありうる可能性）についての認識、すなわち自然の事物に関する認識であり、結果の経験から、アプリオリな幾何学的証明に支えられたアポステリオリな推論（混合数学）によって得られる、ということが述べられている。政治学と倫理学はアプリオリに証明されうる学である、と最後に述べられている点は注目されるべきである。

第十一章「欲求と忌避、快と不快、ならびにそれらの原因について」

欲求と忌避は感覚的経験から生じること、それゆえ、何かを欲求したり忌避したりすること自体は自由意志によらないこと、善悪の価値区別は欲求と忌避から生じること、快不快・美醜・有用有害は善悪の一種であること、最も根本的な善は自己保存であり、富・知恵・技術・文学・仕事等の善さは自己保存に還元されること、等を主張し、また快・美・比較善・最高善などの価値観念の起源について論じている。

第十二章　「感情、すなわち心の擾乱について」

感情は、「対象が心のうちに引き起こした、善いことと悪いことについての表象」を原因とする血液運動と動物精気の運動を伴った、欲求と忌避の一種であることを述べ、喜びと嫌忌・希望と恐怖・怒り・慢心と恥・泣き笑い・愛・自己評価と自信喪失・憐憫・競争心と嫉妬・驚嘆などの諸々の感情の生じ方を説明している。

第十三章　「気質と習性について」

気質は、ある物事へと向かう人々の傾向であり、体温・習慣・経験・運のよさ・自己についての見解・権威者という六つの起源から説明できること、習性は馴染んで強固になった気質であること、徳とは善い習性のことであり、悪徳とは悪い習性のことであること、習性の善悪の評価基準は市民法であること、等を述べている。また、国が異なれば市民法は異なるので、徳と悪徳の基準はさまざまであるが、「法を守る習性」としての「正義」はあらゆる市民法によって、「市民法を定めるために他の人々と社会的に結合しようとする習性」としての「隣人愛」は自然法によって善いとされるから、この二つが根本的な徳である、という主張が展開されている。

第十四章　「宗教について」

宗教とは神を真摯にたたえる人々の外的崇拝であること、端的な意味での宗教は自然宗教であり、これは信仰と崇拝の二つの部分から成っていること、信仰とは神に対する敬虔であって、神の存在・全知全能・万物支配への信仰と超自然的な事柄への信仰とから成り、後者は教え手の権威から生じること、信仰は国の法に依拠すべきであって、学問的研究の対象ではないこと、神の命令（神的正義）とは自然法であること、等を述べている。さらに、罪とその赦しについて論じ、崇拝とは何かを述べ、私的崇拝と公的崇拝の区別、崇拝の合理的要素と迷信的要素の区別、人間にとっての崇拝の目的等を明らかにしている。最後に、予言・占い・神籤等は崇拝の目的を誤ることから生じること、宗教の変革や衰微の原因は不条理な教義と聖職者の風紀の乱れの二点にあることを主張している。本章の議論は、『市民論』の第三部「宗教」や『リヴァイアサン』第三部「キリスト教国家について」および第四部「暗黒の王国」において展開されている、国家と宗教の関係についての議論やカトリック教会批判に対して、その土台となる考えを提示したものとして重要である。

第十五章　「仮構上の人間について」

本章は人格論であって、人格とは何か、自然的人格と仮構的人格の区別、行為の本人および本人性（権威）とは何か、保証人とは何か、等について論じ、一人が多数者の、多数者が一人の人格を担いうること、人間以外の諸事物も人格を担いうることを主張している。これらの議論は言うまでもなく、国家を一個の人為的人格とみなして、その担い手たる主権者の一切の行為を、全臣民が自らをその本人とみなすという内容の社会契約によって絶対的に正当化するホッブズの政治思想の、基礎をなすものである。

ホッブズ哲学における本書の位置と意義(1)――『リヴァイアサン』『市民論』との関係

『リヴァイアサン』の内容に詳しい読者は、同書の第一部が「人間について」(Of Man) という題を持ち、その内容・構成と右に述べた『人間論』のそれとの間にある種の類似ないし対応関係のあることに、直ちに思い当たられるであろう。『リヴァイアサン』の第一部は十六の章から成っているが、そのうち第一章から第三章までは、外部の物体の作用からさまざまな感覚が生じ、これらの感覚から心象像 (imagination) が生じ、さらに諸々の心象像の連鎖ないし系列が思考を構成する、というプロセスについて論じたものである。『人間論』の第二~九章の視覚論は、叙述のスタイルこそ大きく異なるものの、内容上は『リヴァイアサン』のこの第一~三章に対応するものと言うことができる。なぜなら、この視覚論は感覚をつうじて心の中に対象のさまざまな像が発生する作用の仕組みを、この作用に関して最も重要な感覚である視覚に限定して、メカニックに解明したものだからである。また、『リヴァイアサン』第一部の残りの十二の章は、『哲学原本』のほうでは『リヴァイアサン』の第二部以降に対応する『市民論』で扱われている自然状態・自然法というテーマを、先取りして論じたような形になっている第十三~十五章を除けば、内容に先後や異同は見られるものの、言説・推論・知識・欲求・諸々の感情・宗教・人格といった、『人間論』後半の第十~十五章に対応するテーマを扱っている。

右の比較から明らかなように、ホッブズは、感覚から対象の心象像の発生を経て、さらに知・情・意の各方面にわたるいっそう高次の心の働きが生じてくるプロセスを辿る、という形で人間の心的・精神的側面を解明する作業を、『リヴァイアサン』第一部と本書『人間論』において平行して行なっている、と言うことができる。そして言うまでもなく、この作業を土台としてその上に、『リヴァイアサン』第二~四部と『市民論』における彼の国家哲学・政治思想が構築されているのである。そして、この国家哲学・政治思想に関して『市民論』と『リヴァイアサン』の両著作を比較すると、『市民論』のほうが哲学的・論理的明晰さにおいてまさっていることは、既に同書の訳者解説において指摘したとおりであるが、これと同様の関係が『人間論』と『リヴァイアサン』第一部との間にも見られ、それはとりわけ、『人間論』第十~十五章と『リヴァイアサン』第四~十六章との比較において顕著である。すなわち、『人間論』は、とくにその後半部分において、人間精神の研究として『リヴァイアサン』の対応部分よりもいっそう成熟した段階におけるホッブズの考え方を、簡潔に、しかも論理的にすっきりした形で論じているのである。

以上のような意味で、本書『人間論』が『市民論』と並んで、従来『リヴァイアサン』一書を主たる拠り所として行なわれることの多かった、人間の精神面と社会・国家・政治とに関するホッブズの哲学思想の研究と理解を、さらにいっそう明晰化・深化させるための重要資料としての意義を持つことは、明らかである。

本書の従来の扱われ方

本書は、既述のようにホッブズの主著の一角を占める著作であり、しかも彼の政治・社会思想の理解のために右のような重要な意義を持つにもかかわらず、本書に対するホッブズ研究者たちの従来の態度は、概してはなはだ冷淡であった。このことは、本書の近代語への翻訳状況に如実にあらわれている。ホッブズ研究のいわば本家と言うべき英語圏の諸国でも、本書の英語訳は既刊の英語版ホッブズ全集にさえ収録されておらず、本訳書冒頭の凡例に⑴として挙げた献辞と後半六つの章の抄訳が、訳者の知るかぎり唯一の既刊の英語訳である。英語以外の近代語への翻訳も、同じく凡例に⑵として挙げた、PhB. の第一章＋後半六章の独語抄訳以外、寡聞にしてその存在を知らないし、外国書の翻訳の非常に盛んなわが国にも、この解説文の執筆時点で本書の既刊の邦訳は存在していないという状況である。(1) このことは、彼我いずれにおいても、本書『人間論』がまともに読まれ、研究されることがこれまでいかに少かったかを物語るものである。

本書がこのように閑却同然の冷淡な扱いを受けてきたことの第一の、最大の理由は、既に見たその内容構成の奇妙さ、とりわけ前・後半の叙述スタイルの著しい相違にあろう。ホッブズ自身も献辞の中で認めているように、通常の哲学書のスタイルで平易に書かれた後半の六つの章にひきかえ、幾何学的論証を連ねたような前半部分は、哲学の徒である読者の多くにとってははなはだ理解困難なものであろう。また、感覚の機序に関する解明から高次の心的現象の説明へと進む構想そのものは理解できても、第二〜九章の視覚理論と後半の精神（moral）哲学の議論が実際にどのようにつながっているのか、その連関が一読しただけではほとんど捉えがたいことは、これまた献辞において、「この両部分は、いわば深いギャップでつながっているようなもの」だと、著者が自ら告白するとおりである。さらに、そもそもなぜ視覚論のみが取り上げられて、その他の感覚についての議論が一切出てこないのかも、本書を読んだだけでは、まったく明らかでない。

第二の理由として挙げられるのは、この視覚理論そのものが、近・現代の科学から見て正統的でない、ユークリッド幾何学のみに依拠した論証方法に従っていること、さらにその基礎となっている第一章の人間発生論・人体生理学が、今となってははなはだ荒唐無稽な謬説を多く含んだ、時代遅れの議論であることである。哲学研究者のうちでもとくに本書の前半部分を読み解くのに適した資質・能力を持つ人々——その多くは科学哲学を専門分野とする人々であろう——にとって、このような議論をまともに相手にすることが無意味なことと思われたとしても、それは無理からぬことであろう。既述の(1)の英語抄訳の最初のページ（*Man and Citizen*, p.35）に編者によって付せられた次のような脚註は、本書の全体を読むことの必要性が顧みられなかった右の二つの理由を、端的に物語っていると言えよう。「『人間論』の第一章は時代遅れの生物学を含んでいる。第二章から第九章は視覚論に関するものである。これらはホッブズの道徳・政治哲学には無関係なので、省くことにした。」

これらに加えて第三に、『リヴァイアサン』第一部の存在を挙げることができよう。「人間について」と題

（1）本訳書の校正終了間際の二〇一二年五月二五日付で、『人間論』を含む『哲学原本』の全巻と『自然法と国法の原理』（『法学要綱』）とを併せて一冊に収めた邦訳が、伊藤宏之・渡部秀和両氏の共訳により柏書房から刊行された。（この訳書ではそれぞれの訳題が、『哲学原論』『自然法および国家法の原理』となっている。）

された この部の内容は、既述のように『人間論』の内容にある程度対応しており、しかもその構成には『人間論』のようなギャップがなく、一貫して普通の哲学・思想書の叙述スタイルによっている。それならば、奇妙でしかも難解な『人間論』などは相手にせずとも、『リヴァイアサン』第一部を読むことで、人間の心的・道徳的側面についてのホッブズの考え方は十分把握できるはずであり、さらに続けて第二部以降へと読み進めば、この考え方と彼の政治思想とのつながりも、容易に理解されるであろう、と考えられたことも、ごく自然な成り行きと言えよう。

哲学史上の著名な大哲学者の主要著作でありながら、その一部がほとんど読まれないでいる、という例は、実はホッブズの『人間論』に限ったことではない。デカルトの『哲学原理』の第三〜五部も、右とよく似た理由のためか、読まれることはきわめて少い。ロックの『統治論二篇』の第一部も、『市民政府論』として広く読まれている第二部にひきかえ、ほとんど顧みられない状態が長く続いてきたが、これは、今となってはことさらに相手にする意味もないような時代遅れの王権神授説を論駁するために、現代人から見れば政治論にとって非本質的としか思えない聖書解釈の議論を延々と展開しているせいであろう。しかし昨今、少くとも『統治論二篇』については、その全体をきちんと研究することの必要性が認識されつつあることは、わが国における同書の全訳刊行の新たな試みにもあらわれている。本書『人間論』も、今後これと似たような脚光を浴びることになるであろうか。またそれは必要なことであろうか。訳者は、従来のようなホッブズ研究の進め方にもそれなりの正当性は認められるものの、ホッブズ研究の今後の深化と発展のためには、『人間論』の研究をしっかりと組み込むことが必要であり、かつ、そうなることは必然的であると考えている。その理由の一端は既に述べたが、それを真に明確に説明するためには、どうしても本書と『物体論』との関連について言及せざるをえず、したがって、本書の解説の本来の範囲を越えることにはなるが、『物体論』そのものの内容についても、ある程度の説明を加えないわけにはいかない。

ホッブズ哲学における本書の位置と意義(2)――『物体論』との関係

『物体論』の構成・内容

『哲学原本』の第一部である『物体論』は全四巻から成り、その構成・内容の概略は次のとおりである。

第一巻 「計算すなわち論理学」

この巻は、ホッブズの考える哲学とはどのようなものかを明らかにし、そのための方法、とりわけ論理学についてのホッブズの理解を述べたものである。

第一章 「哲学について」
第二章 「語彙について」
第三章 「命題について」
第四章 「三段論法について」
第五章 「誤謬・虚偽および詭弁について」

第六章　「方法について」

第二巻　「第一哲学」

この巻は、後半の二つの巻で展開される自然学において用いられる諸々の重要な基本概念の根本的意味を解明する理論哲学をその内容としている。

第七章　「場所と時間について」
第八章　「物体と偶有性について」
第九章　「原因と結果について」
第十章　「潜勢力と現実作用について」
第十一章　「同一と差異について」
第十二章　「量について」
第十三章　「相似、すなわち同一の比例関係について」
第十四章　「直線・曲線・角および図形について」

第三巻　「運動と大きさの諸理説について」
第四巻　「自然学すなわち自然の諸現象」

この二つの巻は、コペルニクス以来の天文学、ガリレオの物理学、ハーヴェイの生理学など、当時の自然科学研究の最先端の知見をベースに、ユークリッド幾何学の証明方法と比例計算を用いて論証された自然学を展開したものである。そのうち、第三巻の諸章は、あらゆる自然現象の説明の基礎となる物理学を論じたもので、物体運動の説明を軸とし、光学にも応用可能な力学の理論が展開されている。最終巻である第四巻の諸章は、第三巻の理論に基づいて、天体・気象・生物にかかわる諸々の現象、とりわけ感覚的現象について説明を試みている。

第十五章　「運動と努力の本性・特性およびさまざまな考慮事項について」
第十六章　「加速運動と等速運動について、および協調による運動について」
第十七章　「欠けのある図形について」
第十八章　「直線と放物線の長さの等しさについて」
第十九章　「等しい入射角と反射角について」
第二十章　「円と弓形の面積について、すなわち角の分割について」
第二十一章　「円運動について」
第二十二章　「その他のさまざまな運動について」
第二十三章　「平行な直線に沿って押し下げるものの平衡の中心について」
第二十四章　「屈折と反射について」
（以上第三巻）

第二十五章　「感覚と生命運動について」
第二十六章　「宇宙と諸天体について」
第二十七章　「光・熱および色彩について」
第二十八章　「寒さ・風・固さ・氷・曲げられたものが元に戻ること・透明・稲妻と雷および川の水源について」
第二十九章　「音・匂い・味および触覚について」
第三十章　「重さについて」
（以上第四巻）

ホッブズ哲学の全体構造と『人間論』

『物体論』の右の構成・内容からただちに見てとれるのは、ホッブズが同書において、まず哲学という学問をどのようなものと考えているかという点から説き起こし、次いで自然についての哲学的理解の基礎となる「理論哲学」を論じ、続いてそれらを踏まえて自然学そのものに議論を進め、しかもこの自然学の中では、まず純粋な物体運動のメカニズムを明らかにする力学ないし狭義の物理（自然）学について論じ、これを基礎として生物・天文・地学等の博物学的分野の対象となる自然現象の解明へと進む、という計画的・体系的な手順に従っていることである。そして、これを先に見た『人間論』の構成・内容と比較してみれば『人間論』前半の九つの章が『物体論』の後半の二つの巻に展開されている自然学の延長であって、自然の一部としての、すなわち「身体＝物体」としての人間の側面を論じたものであること、これに対して『人間論』後半の六つの章は、自然学ないし自然哲学と対をなす精神（道徳）哲学をテーマとする部分として、人間の精神的ないし心的側面について論じたものであることが判明する。同書の前半と後半の叙述スタイルの違いが、このことの必然的結果であることは明らかであろう。

また、『人間論』の第二～九章がなぜ視覚のみを限定的に取り上げて他の諸感覚を扱っていないのか、という疑問も、右の『物体論』の章立てを見れば氷解する。それは、『物体論』の第二十九章で、視覚を除く他の四種の感覚について既に一とおり論じられているからだ、とわかるからである。ちなみに、ホッブズが五官の感覚の中でとくに視覚を他の四種の感覚から区別して、これだけを『物体論』ではなく『人間論』の前半で論じているのはなぜか、という疑問に対しては、人間の心の働きのうちで最も基礎的な部分をなす欲求と忌避の働きに対して、諸感覚の中でとりわけ視覚が最も重要な影響を与えていると考えたからであろう、と答えることができよう。その意味でこの視覚論こそ、人間の心の働きすなわち精神現象を、人間身体が物体界全体から被った作用ないし影響に関連づけて理解するための接点として、いわば自然哲学と精神哲学をつなぐ蝶番の役割を、ホッブズ哲学の中で果していると考えられるのである。

ホッブズ哲学の全体構造との関係における『人間論』の特色・意義の理解にさらなる示唆を得るために、『物体論』の章立ての概観から一歩進めて、その重要な箇所の内容に少しばかり立ち入ることにしよう。その箇所とはまず第一に、同書の第一巻の第一章第八節と第九節である。そこでは、哲学の主題と部門についてのホッブズの考え方が述べられているが、それによれば、哲学の主題は広い意味での物体であり、この物体は、諸事物の本性によって組織された物体としての自然的物体と、人間同士の約束・取り決めによって樹立された物体である人為的物体との二種類に区分される。このうち、自然的物体のほうを主題とする哲学の部門は自然哲学であり、人為的物体を主題とするそれは国家哲学であるが、国家哲学はさらに、人間の感情・気質・習性等について論じる倫理学（道徳学）と、市民としての人間の義務について論じる政治学ないし狭義の国家哲学とに分けられる。さて、ホッブズによる哲学の主題・部門のこの区分と、『哲学原本』の三つの部との対応関係は一見して明らかであろう。すなわち、自然哲学について論じたのが『物体論』および『人間論』の前半九章、広義の国家哲学のうち、倫理学について論じたのが『人間論』後半六章、政治学を扱ったのが『市民論』という関係である。こうして見ると、『人間論』が自然哲学と国家哲学というホッブズ哲学の二大部門にまたがり、両部門をつなぐかけ橋としての役割を果していることが判然とするし、また同書の様式上の特色についても得心がゆく。すなわち同書は、自然的物体としての身体と、国家という人為的物体を構築する精神との二面から成る人間について論じるにあたって、身体については前半の九つの章で、『物体論』にひき続いて自然哲学の手法とスタイルをもって論じ、精神については後半の六つの章において国家哲学・政治学と共通の手法・スタイルによって論じる、という形をとっているわけである。

ホッブズの哲学研究の手順と『人間論』

ホッブズ哲学の全体的プランとの関係で『人間論』を考える上で重要な『物体論』の箇所として、哲学の定義と方法についての彼の見解を述べた二、三の箇所を、同書の第一巻の中からさらに挙げることができる。まず、第一章第二節でホッブズは哲学を、(a)「諸々の結果もしくは現象の知得された原因ないし起源から正しい推論によって獲得された、これらの結果もしくは現象の認識」および(b)「認識された諸結果から正しい推論によって獲得された、ありうる起源の認識」と定義する。そして、この定義の中で言われる「推論」とは計算のことであるとしたうえで、これを(α)「いっしょに足し合わされた複数のものの合計を見積もること」もしくは(β)「あるものを他のものから引いた残りを認識すること」と定義している。右の哲学の定義に含まれている二つの認識のうち、(a)の認識の獲得につながる推論が(α)であり、(b)の認識の獲得につながる推論が(β)であることは見やすいが、『物体論』第六章第一節では、(α)の推論を「合成」、それに従う哲学の方法を「総合的方法」と呼び、(β)の推論を「分解」、それに従う方法を「分析的方法」と呼んでいる。したがって、ホッブズの考える哲学は、分析的方法による「結果・現象から原因への認識」と、総合的方法による「原因から結果・現象への認識」とによって成り立つ、ということになる。

右の二つの方法によって進行する哲学探究のあるべき手順を、ホッブズは同じ第六章の第四〜七節において、次のように示している。

(i) あらゆる自然的物体に共通な普遍的偶有性の原因、すなわち運動についての研究。

↓

(ii) 運動という原因による、物体の普遍的偶有性、すなわち諸々の形（幾何学的形状）とそれらの特性についての研究（幾何学）。

↓

(iii)物体の運動が他の物体に対して引き起こす結果についての研究（力学ないし狭義の物理学）。

↓

(iv)物体運動の感覚に対する現われ、すなわち人間身体という自然的物体に対して周囲の諸物体の運動が引き起こす結果としての感覚現象・表象像についての研究（自然学）。

↓

(v)感覚現象・表象像という原因から引き起こされる結果としての心の運動、すなわち欲求・忌避や諸感情その他の精神現象についての研究（道徳（精神）学）

↓

(vi)国家哲学、すなわち人為的物体についての研究。

このプロセスのうち、分析的方法によって行なわれるのは(i)であり、(ii)〜(vi)は総合的方法に従って行なわれる。ただし、『物体論』第六章第七節においてホッブズの述べるところによれば、国家哲学は(i)〜(v)のプロセスに引き続いて総合的方法によって探究されうるのみではない。幾何学や自然学を理解していない人々も、国家哲学を(i)〜(v)のプロセスから切り離して独立に、経験から出発し分析的方法によって研究することが可能である。なぜなら、経験される任意の行為についてのある問い、たとえば「この行為は正しいか」という問いから、「正しいとは法に適うということである」⟶「法とは権力者の命令である」⟶「権力はそれを樹立する者の意志に基づく」⟶「この意志とは戦争を避け平和を求める意志である」という分析的推論を経て、「人間の欲求と心の動きは、何らかの権力によって強制されなければ、戦争によって互いに攻撃し合うようなものである」という国家哲学の根本原理に至り着くことができるからであり、しかもこの原理は、誰もが自分自身の心についての経験によって認識しうることなので、それを拠り所とするのに、右の(i)〜(v)の研究を経て人間の欲求その他の心の動きについての哲学的認識に達していることは必ずしも要求されないからである。

さて、右のプロセスとの関係でホッブズの主要諸著作を位置づけると、『物体論』は(i)〜(iii)と、(iv)のうち視覚以外の感覚現象とを、『人間論』の前半九章は(iv)のうち視覚および視覚像を、『人間論』後半六章は(v)をそれぞれ取り扱った著作であることが明らかである。また、『市民論』と『リヴァイアサン』第二〜四部は、(vi)の国家哲学を(i)〜(iv)の自然哲学と切り離して独立に論じたものであり、『リヴァイアサン』の第一部は、国家哲学のこのような論じ方に合わせる形で(v)のテーマを扱った部分であるということも、容易に見てとれよう。ホッブズが『市民論』の第二版に付した読者向けの序文の中で、「この部〔『市民論』〕は経験によって知られる固有の原理に依拠していて、それに先立つ二つの部〔『物体論』と『人間論』〕を必要不可欠とはしていない」と述べているのは、このような理由によるのである。

ホッブズが自身の国家哲学・政治思想を実際に論じるにあたり、『物体論』で示している哲学探究の本来的手順にはよらずに、自然哲学からの流れと切り離して独立に論じることを選択したのはなぜであろうか。その理由として訳者は、次の三つの事情を考えている。第一の事情は、ピューリタン革命の勃発という当時のイギリスの歴史的・政治的状況のさなかにあって、ホッブズが他の哲学上のテーマに優先して、国家と政治に関する自らの思想を完成・表明することに心血を注いだ、ということである。『市民論』が『哲学原本』

の第三部としてホッブズの哲学体系の最終部分をなす著作であるにもかかわらず、他の二つの部に先立って刊行されたという事実は、この事情を何よりもよく物語っている。またこの点は、『市民論』序文の今しがた引用した箇所の直前にも、ホッブズ自身によって明言されているとおりである。

他の二つの事情は、多分に訳者の推測を交じえており、今後の研究による根拠づけを必要とすることを断ったうえで、あえて述べることにする。第二の事情とは、当時の科学の水準である。すなわち、諸物体・人間身体・感覚等にかかわる諸現象については、コペルニクス、ケプラー、ガリレオ、ハーヴェイらによる近代科学の最新の研究成果を拠り所として、ホッブズ独自の幾何学的方法による合理的説明を遂行することが可能であったのに対して、人間の心性や社会生活についてこれと同じやり方で説明を進めることは、たとえ原理上は可能と考えたとしても、少くとも生理・心理両現象の関係に関する当時の科学研究の水準をもってしては、無理があったということである。このことはホッブズ自身が、誰よりもよく自覚していたであろう。冒頭の献辞で語られているところによれば、本書前半の九つの章は比較的早い段階でその構想が固まっていたが、心理面を論じた後半の六つの章の完成が遅れたことにより、本書の刊行そのものが遅れたのだという。これは、献辞でホッブズが述べている原因のほかに、生理・心理関係解明の手掛りとなる科学的研究成果の出現を待って、彼が自身の年齢の許すぎりぎりまで、人間心理の問題に関する最終的見解の表明を保留したことの結果でもあると考えては、推測が過ぎるであろうか。かりにこの推測が許されるとすれば、前・後半の内容上のギャップという、ホッブズ自身も認める本書の最大の問題点について、次のような弁明が成り立つことになろう。すなわち、ホッブズはこのギャップが科学研究の将来の発展によって何らかの形で埋められることを期待しつつ、自分自身の時代の科学の水準によって可能な限界点まで自己の哲学研究の方針に従って進むことで満足せざるをえなかったのだ、と。

第三の事情は、ホッブズが『物体論』と『人間論』前半で用いた幾何学的・合理的方法を、物体と身体のみならず人間精神・社会生活、さらには宗教に関する事柄の説明にまで一貫して応用しようとする方針を公にすることは、それでなくても彼に対して向けられがちであった無神論者という非難・攻撃の鉾先を、ますます鋭く厳しいものにする恐れがあったことである。この点については、ホッブズと当時の批判者たちとの間の論争の内容に立ち入って解明する必要があるが、ここではこれ以上詳しく述べることを差し控える。

理由はともかくとして、ホッブズ自身が自己の国家哲学・政治思想を実際に論じるにあたって行なった既述のような方法選択は、『物体論』『人間論』を棚上げして政治思想のみを独立に研究する従来の一般的なホッブズ研究の方針に、一応の正当化を与えるものであることは間違いのないところであろう。訳者もまた、とりわけホッブズの政治・社会思想面に強い関心を抱く研究者たちが今後もこの研究方針に従い続けることに、異を唱えるものではない。しかしそれにもかかわらず、哲学者としてのホッブズの真の姿を正しく捉えるために、そして彼の政治・社会思想をそれとの関連で正しく位置づけるために、『物体論』『人間論』をも視野に入れた研究によってホッブズ哲学の全体像の把握に努めることが、哲学分野におけるホッブズ研究者に要求される、という事実は、いささかも揺らぐことはないのである。このことは、カントとの類比で考えるとわかりやすい。カントの倫理学説をその理論哲学から一応切り離して、倫理学説としての枠内だけで理解しようとすることは可能であるし、倫理学分野のカント研究者でこの方法に従っている人々は少くない。けれども、理論哲学の正しい理解と、それとの関連における道徳哲学の位置づけが、カント哲学の理解にとって無用であるとか、無意味であるとか主張する者は誰もいないであろう。ホッブズ哲学の理解についても、これと同じことが言える。にもかかわらず、カントの場合には考えられないような研究方針上の主張に相当する主張が、従来ホッブズに関してはなされてきたし、現にホッブズの「理論哲学」面との関連における政治・社会思想の研究があまり熱心に行なわれてこなかったことは、『人間論』に対する既述のようなこれまでの扱いに顕著にあらわれている。このことは、ホッブズ研究の袋小路をなしていると、訳者は考える。この袋小路は必ず打破される必要がある。そしてその打破のために、本書『人間論』の十分な研究が必要なことは、既に述べたことから明らかである。

訳者の釈明

以上の解説から明らかなように、『人間論』はそれだけで独立的・完結的に成立している著作ではなく、ホッブズ哲学の全体構造の中で理解されるべきものであり、そしてこの全体構造の把握のためには、『物体論』の理解が必要不可欠である。既訳の『市民論』の解説の中で、訳者が『物体論』の邦訳の意義を強調し、『市民論』の次には『物体論』を訳出・刊行したいという抱負を表明したのは、このゆえである。しかし実際には、自ら公言したこの抱負とは異なり、『人間論』を『物体論』に先立って訳出・刊行することになった。訳者としては、この点に関して一言事情を説明しておく必要を感じる。

この事情の最たるものは、『物体論』がはなはだ大部の書であって、しかも訳者にとっては不慣れな幾何学的・数学的な議論と用語を大量に含んでいることである。この書の全体の下訳は、既に完成されて訳者の手許にあるが、これに推敲を加えて世に送りうる水準のものとするためには、ユークリッドの『幾何学原本』の邦訳との対照による訳語・表現の修正その他の作業に、なお相当の時間を費すことが避けられない。このことに加えて、本シリーズ「近代社会思想コレクション」の性格という第二の事情がある。『市民論』に続く第二弾として『哲学原本』の他の部を世に送るには、本シリーズの一環とする形で京都大学学術出版会に委ねることが最善であろうが、その場合、自然哲学の書である『物体論』よりも、ホッブズの社会思想に直結し、『リヴァイアサン』第一部の内容との関連も深い『人間論』のほうがふさわしいことは明らかである。この点については出版会側の意向も同様であった。訳者が自らの公言したところに反して、本書『人間論』の翻訳・刊行を『物体論』のそれに先行させたのは、このような事情によるものである。

ただ幸いなことに、『物体論』の邦訳の出版についても、同じく京都大学学術出版会の何らかの形での協力が得られそうな感触があることから、訳者としても可能なかぎり近い将来における同書の訳の完成と刊行に向けて努力する決意を表明しておきたい(2)。ただし、訳者はその年齢その他の事情から、いつ他の世界への

(2) 既掲の伊藤・渡部両氏による『哲学原論』全訳のうちの『物体論』は、凡例によれば英語版を底本としたもののようであり、したがってラテン語原典からの『物体論』邦訳とその刊行の意義は依然として失われていないように思われる。

永久人事異動を申しつけられても不思議もなければ文句も言えない立場にあり、この人事異動のためにまたしても自ら公言した決意に反する結果となった場合には、誠に申し訳の立たない次第ではあるが。

なお、本書『人間論』も、その前半部分は『物体論』と同じく、訳者の不得手な幾何学的な論法と用語を多用して書かれており、参考とすべき既成の近代語訳も解説書も見当らなかったことから、本訳書には訳者自身の気付かない翻訳上の誤りが少からず含まれている可能性がある。この点についても、読者の御猶恕を請うとともに、識者の御注意・御叱正をお願いするものである。

謝辞

本訳書の刊行に当たっては、『市民論』のときと同様、京都大学学術出版会の方々、とりわけ編集部の國方栄二氏にいろいろとお世話になった。また第二～九章に多出する図については、翻訳に使用した底本には記載されていなかったため、たまたま翻訳作業開始時に訳者が出講していた京都大学の初版本検索システム（名称は知らないが）を利用させていただいたが、その際、同大学大学院文学研究科博士後期課程の倫理学専攻の大学院生（当時）であった藪本沙織さんの全面的な御協力に甘えた。これらの方々に対しては、とくに記して感謝の意を表したい。

人名索引

ア行

カ行

タ行

ナ行

ハ行

マ行

ラ行

事項索引

ア行

愛 amor　135, 168, 169, 185
愛〔キリスト教の三徳の１つとしての〕charitas　186, 187, 190
悪 malum　137, 143, 149, 150, 152, 155, 157
悪徳 vitium　180～183, 201
頭 caput　29
胃 ventriculus　8, 29
医学者 medicus　13
怒り ira　163, 164, 168
意見 sententia　26, 153, 177, 180, 181
意志 voluntas　135, 141, 163, 164, 198, 200, 206
意識 conscientia　166
位置 positio, situs　31, 56, 66, 73, 103
祈り prex　194, 198
忌まわしい odiosus　162
意味 significatio, sententia　139, 140
忌み嫌う odisse　162
嫌厭 fastidium　158
意欲 voluntas　145, 147, 171
色 color　99
陰影 umbra　54, 55
宇宙 universum　8, 142
美しいこと〔もの〕pulchrum 149, 152, 155, 156
運動 motus　8, 10～12, 24～29, 32, 40, 138, 142, 159, 161, 166
運のよさ bonum fortunae　173, 176
栄養 nutritio　8, 9, 14
エーテル aether　10, 11
液　→〔体〕液
円 circulus　26, 55, 56, 58, 66, 73, 94, 95, 98
円運動 motus circularis　159
円周 circumferentia　26, 56, 69, 70
円錐〔面〕conus　45, 46, 56, 58, 59
延長線 (linea) producta　17, 18, 50, 56, 58, 64, 67～70, 72, 74, 81 ～83, 86, 92, 106, 108, 112, 113, 119, 126, 132, 133
円面 discus　43
王 rex　178～180, 188, 205
王権 regnum　180
王国 regnum　187, 196
凹面鏡 speculum concavum　64, 73, 85
凹レンズの視力補正具 dloptrum concavum　104, 105, 115, 121, 123～126
大きさ magnitudo　30, 31, 43, 63, 65, 87, 119, 121, 122, 131
僭主 tyrannus　180
恐れ　→恐怖
音 sonus　42, 137
音楽 musica　142, 155
恩寵 gratia　194, 197

カ行

快 jucundum, jucunditas　145～147
絵画 pictura　46, 155
悔恨 poenitentia　194
外焦点 focus externus　115
外心 umbilicus externus　115
回転、回転運動 conversio　7, 30
概念 conceptus　135
潰瘍 ulcus　12
鏡 speculum　46, 63～66, 69～72, 74～78, 80, 82～88, 174
鏡に映して見〔られ〕た場合の〔に〕in visione reflexa　63, 64
輝き splendor　40, 41
角　→〔角〕度
学 scientia　141, 142
学者 scholasticus　140
角錐〔体〕pyramis　45～47
角錐面 superficies pyramidica　45
学説 doctrina　22, 183, 199
拡張 diastole　9, 10
〔角〕度 angulus　22～25, 27, 34, 39, 47, 63, 67, 82, 84, 86, 98, 99, 111, 112, 116, 120, 122, 124
学問〔的知識〕scientia　4, 142, 152～154, 198
　学問的議論 disputatio　187
　学問的に議論する disputo　187, 188
過去 praeteritum　141, 154
仮構 fictio　203, 206
画像 tabula　46, 48～50, 52, 54～56, 60
数えること numeratio　138
形 figura　24, 30, 31, 49, 55～57, 117, 119, 120
神 Deus　8, 136, 137, 141, 148, 178, 185, 186, 188～197, 201, 205, 206
火薬 pulvis (pyrius)　26
ガラス vitrum　130, 131
　ガラス体 humor vitreus　101
　ガラス製の球状面体 orbis vitreus　101
閑暇 otium　154
考え cogitatum　167
感覚 sensus　13, 15, 25, 28, 34, 39, 41, 44, 47, 48, 61, 83, 116, 119, 121, 123, 132, 136, 140, 145, 147, 158, 176, 200
眼鏡 vitrum　21, 23／ perspicillum 101, 102
感謝 gratia　194
感情 affectus　161～163, 165, 166
眼底 fundus oculi　22
観念 idea　49, 50, 52, 60, 135, 137
幾何学 geometria　46, 60, 141, 142
　幾何学者 geometra　120
器官 organum　40, 145, 166, 168
気管動脈 arteria aspera　10
儀式 ceremonia　192, 193
気質 ingenium　156, 173～180, 183
技術 ars　45, 46, 138, 139, 152, 156
奇蹟 miraculum　186, 187, 197, 198
基礎 fundamentum　166
規則 praeceptum　46／ regula 75, 91, 139, 142, 181, 188, 199

期待 expectatio　164
軌道 orbis　42, 138
忌避 fuga　145, 158, 161
希望 spes　135, 162〜165, 167, 168, 187, 198
技法 artificium　46
逆透視図法 perspectiva inversa　61
球 sphaera　66〜68, 121, 123〜125, 130, 131, 133, 134
球状凹面 superficies sphaerice concava　73, 104
　球状凹面鏡 speculum sphaerice concavum　85
　球状凹面レンズの視力補正具 dioptrum sphaerice concavum　113
球状凸面 superficies sphaerice convex　68, 102
　球状凸面鏡 speculum sphaerice convexum　63, 75, 84
救世主 Servator　189
教会 ecclesia　178, 195, 196, 205
　教会法 canon　196
享受 fruitio　149, 159, 162
教説 doctrina　175, 178
競争 certamen　155
　競争心 aemulatio　171
驚嘆 admiratio　171
恐怖、恐れ metus　135, 136, 162, 164, 165, 185, 198
共和制 respublica　180
虚飾 ostentatio　157
距離 distantia　19, 22, 23, 30〜39, 42, 44, 48, 52, 61, 63, 64, 66, 70, 83, 84, 96, 98, 107, 108, 114, 116, 121, 122, 125, 129, 134
近眼の人々 lusciosi, muopes　105
近視の人々　121
金銭愛 amor pecuniae　157, 168
筋肉 musculus　9, 12, 166
空気 aer　7, 9〜11, 91, 92, 96, 100
空想力 phantasia　173, 174
偶有性 accidentia　15
供犠 sacrificium　189, 190, 195
苦痛 dolor　171, 195
屈折 refractio　18, 21, 22, 65, 91, 92, 94〜97, 99, 103, 105, 106, 109, 113, 119, 125, 133
　屈折角 angulus refractionis　96, 124
　屈折線 refracta　103
　屈折点 punctum refractionis　91
　屈折率 ratio refractionis　93
屈折する refringere　92, 96, 101, 102, 104〜106, 109, 111, 113〜116, 119〜121, 123〜126, 128, 129, 131〜133
愚鈍 stupor　174
愚昧 stultitia　152, 156, 174
供物 donum　195
苦しみ molestia　145, 166
群衆 multitudo　192
敬虔 pietas　166, 185, 187, 190〜193
経験 experientia　3, 10, 28, 60, 141, 146, 147, 153, 173, 176
計算 calculus　138
啓示 revelatio　8
傾斜角 angulus inclinationis　124, 125
形状 figura　50, 130
頸動脈 arteria carotis　9
軽蔑 contemptus　163

契約（神・悪魔との）pactum　198
契約（その他）contractus　203, 204
血液 sangulis　9, 11～13, 161, 166
血管 vas　12, 13
消点 punctum evanescentiae　36, 79, 82, 84, 85, 106, 107, 111, 113, 114, 127, 128, 132
獣 bestia　140, 143
権威 authoritas　186, 188, 204
　権威者 author　173, 179
嫌忌 odium　162
原因 causa　10, 12, 16, 23, 24, 29, 37, 39, 42～44, 73, 75, 91, 95～98, 100, 105, 129, 132, 140～143, 145, 152, 153, 161, 165, 166, 171, 182, 200, 201
嫌悪 aversio　146
見解 opinio　165, 166, 173, 175, 177, 179, 186, 196
言語 lingua　137, 153, 196
健康 sanitas　11, 148, 150
現在 praesens　145, 169
原子 atomus　26
言辞 dictum　167
現出する apparere　18～20, 23～26, 30, 31, 33, 35～42, 46, 57～59, 61, 63～66, 68, 72～77, 79, 81～83, 85, 87, 92, 94, 96, 97, 99, 100, 107, 108, 110, 112, 114, 123, 128～130, 132, 133
現象 phaenomenon　18, 19, 24, 30, 42, 97, 153
言説 sermo　135～138, 182
顕微鏡 microscopium　117, 129, 131, 133, 134
権利 jus　193, 204～206
原理 ratio　129, 131／principium　142
賢慮 prudentia　174, 197
権力 potentia　150, 176, 188, 191, 206
弧 arcus　33, 68, 73, 83, 94, 95, 98, 99
好意 benevolentia　168, 186
行為 actio　188, 191, 194, 203～206
功益 beneficium　138
光学 optica　64, 85
交差軸 sectionis axis　58
交差線 sectio　58, 59
交差断面 sectio　66
公正 aequum　142／aequitas　182
恒星 stella fixa　24, 27, 42～44, 72, 98, 100
光線 linea radians　17／radius　18, 19, 21～24, 27, 29, 40, 41, 43, 45, 47, 56, 63～65, 67～69, 71, 72, 77, 91, 95, 96, 99, 101～106, 108, 110～114, 119～130, 132, 133
交点 cocursus　19, 75／intersectio　36, 51, 69, 71, 79, 110, 112, 127／sectio　82, 84
公転運動 motus annus　27
行動 factum　167, 168, 186
幸福 bonum　154
高名 celebritas　169
公理 axioma　64
合理的根拠 ratio　16
合理的思考 ratiocinatio　161, 173
声 vox　135, 137, 197
呼吸 respiratio　11, 12

国法 lex civitatis　187, 192
心 animus　24, 40, 41, 77, 135, 139, 153, 155, 156, 159, 161, 166, 168, 169, 174〜176, 183, 195
快いもの jucundum　149, 151, 152, 155, 158
国家 civitas　4, 148, 177〜179, 181〜183, 187, 188, 191〜193, 195〜199, 201, 203〜206
　国家学 scientia civilis　153
言葉 verbum　135〜137, 140, 183, 198, 199, 203
根拠 argumentum　164
コンコイド conchois　93
混淆 confusio　20, 21, 23, 88, 110, 120, 132, 133
　混淆した confusus　105, 108, 116, 120
　混淆して confuse 22
混合数学 mathematica mixta　142
根本原理 elementum　3

サ行

最高善 summum bonum　158
最大現出線 linea apparitionis maximae　86, 88
才能 ingenium　155
作図 constructio　36
鎖骨下静脈 vena subclavia　9
錯覚 deceptio　60
作用 actio　17, 24, 32, 40, 41, 44, 54, 92, 96, 100, 145, 180
三角形 triangulus　39, 45, 47〜51, 53, 56, 58, 59
算術 arithmatica　142
死 mors　11〜13, 137, 150, 154, 169
詩 poesis　155
視角 angulus visorius　32, 40〜42, 68, 69, 75, 77, 81〜84, 97, 99, 107, 112, 114, 116, 130／angulus visualis　35, 50, 64
視覚 visio　15, 20, 23〜25, 32, 33, 41, 44, 45, 60, 91, 105, 107, 110, 111, 121, 122, 129, 130
　視覚器官 organum visionis　32, 41
　視覚光線 radius visorius　64, 121
　視覚線 linea visalis　16, 22, 24, 30, 35〜39, 61, 66, 67, 69〜71, 74, 76, 79, 81〜86, 88, 91, 92, 94, 105〜108, 110, 112, 113, 116, 123, 126, 128, 132, 133
じかに見た視覚 visio directa　30, 34
じかに見〔られ〕た場合に〔の〕 in visione directa　33, 63, 64, 76, 79, 84, 106〜109, 112, 113, 115, 120, 121
時間 tempus　138, 154　→時
色彩 color　15, 55
子宮 uterus　9
軸 axis　56, 58, 59, 124, 125
始源点 punctum principale　36, 49, 84
思考 cogitatio　174
子午線 meridianus　97
仕事 negotium　154
自己評価 sui aestimatio　169
自己保存 sua conservatio　150
司祭 sacerdos　195, 199, 201
視軸 axis opticus　16, 18〜24, 27,

99, 101, 103, 105〜115, 119〜124, 126〜128, 130〜133
事実 factum　140
私人 homo privatus　183, 186, 187
自信 fiducia sui　157
視神経 nervus opticus　28〜30
自信なさ diffidentia　169
自然 natura　119, 123, 146, 147, 150, 152, 187, 192, 195
自然学 physica　4, 142, 153
自然学者 physicus　199
自然宗教 religio naturalis　185
自然法　lex naturalis　182, 206
自然本性 natura　135〜137
視像 visualis　23
質 qualitas　138, 149
嫉妬 invidia　151, 171
自転運動 motus diurnus　27
使徒 apostolus　187, 190, 201, 205
指導者 rector　178, 179, 205
至福 felicitas　158
事物 res　15, 26, 29, 36, 39, 50, 55, 60, 135〜137, 141, 142, 146, 149, 153, 155, 159, 171, 186, 199, 206
市民 civis　4, 179, 181〜183, 193, 197
市民社会 societas civilis　181, 183
市民生活 vita civilis　182
市民法 lex civilis　182, 193, 206
地面　96, 98, 100
社会〔的結合〕societas　138〜140, 175, 177
〔評価〕尺度 mensura　181, 182
主 dominus　205
醜 turpe　149
自由 libertas　146
自由意志 arbitrium　135〜137, 141, 146, 200
自由裁量 arbitrium　192, 193
習慣 consuetudo　140, 147, 173, 175
宗教 religio　166, 175, 185〜187, 197, 199, 200
終極目的 finis ultimus　158
集合体 coetus　205
収縮 systole　9〜11
習性 mos　179〜183, 206
重量 pondus　138
熟慮 deliberatio　146／consilium 161
腫張 tumor　8, 169
純粋数学 mathematica pura　142
使用 usus　149
蒸気 vapor　96, 100
照射 irradiatio　16, 17
小相対の subcontrarius　56
衝動 impetus　168
情念 passio　135, 136, 145, 163, 166〜169, 171, 172
小物体 corpusculum　11, 12, 26, 99
小部分 particula　61
小片 particula　26
静脈 vena　10, 11
静脈性動脈 arteria venosa　10
証明 demonstratio　3, 34, 94, 141, 142
擾乱 perturbatio　161, 162, 169
勝利 vistoria　155
書物 liber　179, 180
視力補正具 dioptrum　101〜107, 109〜115, 121〜127, 129〜134
塵埃 pulvis　96／pulvisculus　98

人格 persona　203～206
神学者 theologus　175
神経 nervus　9, 13, 164
信仰 fides　185～188, 190
腎静脈 vena emulgens　13
神聖性 sanctitas　196
心臓 cor　9～12, 40, 164, 166
腎臓 ren　13
身体 corpus　13, 153, 161, 175
臣民 subditus　188
人民 populus　188, 189
真理 veritas　140, 153
人類 genus humanum　7, 136
水晶体 humor crystallinus　16, 17, 22～24, 101
垂線（recta）perpendicularis　59, 63, 64, 93, 102, 103／perpendiculum 66～68, 70～72, 74～76, 78～80, 83～88, 104
垂直な〔に〕〔で〕perpendicularis 16, 85, 92, 116
垂直に perpendiculariter　47, 57, 102, 104, 106
推理 ratiocinatio　140, 141
推論 consequentia　140
　推論する ratiocinor　27
数学 mathematica　142
崇拝 cultus　185, 190～193, 195～198
枢要徳 cardinales virtutes　182
図形 figura　45, 46, 57, 141
正 justum　142
正義 justitia　143, 182, 183, 188～190
政治学 politica　4, 142
政治体 politia　139
政治史 historia civilis　153
生殖液 humor prolificus　13
聖職者 minister　195
性病 lues venerea　13
生物 animal　8, 10
　生物種 genus animalium　8
生命 vita　9, 11, 150, 154, 159
聖霊 Spiritus Sanctus　205
世界 mundus　7, 166
節制 temperantia　182, 183
線　24～27, 31, 32, 45, 46, 49, 51, 54, 56, 71, 83, 92, 93, 103, 141
善 bonum　137, 138, 143, 147～151, 157, 158, 162, 183
全質変化 transubstantiatio　200
占星術 astrologia　198
像 imago　15, 25, 26, 29, 33～38, 41, 42, 44, 49, 50, 64, 65, 70～76, 81～83, 85～88, 97, 110, 111
双曲形 hyperbole　57～59
双曲線 hyperbola　72
双曲面体 hyperbole　115
双曲面レンズの視力補正具 dioptrum hyperbolicum　116
相似の similis　46, 56
想像〔力〕imaginatio　51, 60, 136, 149, 164, 170
創造者 conditor　187
創造主 creator　185
測定 mensura　36, 39
側辺 crura　58, 79
側面 latus　47
尊厳 majestas　196

タ行

〔体〕液 humor　12, 119, 161, 168
体温 temperies　173

対角線 diagonalis　49, 51, 53
大気 atmosphaera　42, 96～99
台形 trapezium　50～52
胎児 foetus　9, 13
体質 habitus　11
対象 objectum　15～22, 24, 25, 27～33, 35～41, 45～47, 49～51, 54～57, 61, 63～78, 80～88, 91, 92, 94～97, 101, 103, 105～107, 109～113, 115, 116, 121～123, 125～127, 129～134, 145, 146, 149, 161, 164, 165, 168, 174
大静脈 vena cava　9, 13
大地 terra　191
対頂角 (angulus) verticalis　63
対頂三角形 triangulum ad vertice　48
大動脈 aorta　9
太陽 sol　8, 15, 27, 42～44, 65, 96, 97, 99
代理する repraesantare　203, 204, 206
楕円 ellipsis　46, 55, 56, 58, 59
　楕円面レンズの視力補正具 dioptrum ellipticum　117
高さ altitudo　48, 50, 98
立ち位置 statio　39
種 species　136, 142
楽しみ voluptas　145
魂 anima　13
賜物 donum　197
単位 unitas　138
単語 vocabulum　135, 136, 139
断食 jejunium　194
単純〔円〕運動 motus simplex　11
断面 sectio　45～48, 55～59
地 terra　7, 166
知恵 sapientia　152
知恵（聖書の）scientia　137
知恵（枢要徳の）prudentia　182, 183
知覚 perceptio　24
力 vis　12, 17, 32, 39, 64, 99, 136, 137, 163, 164, 168, 174, 183, 194
地球 terra　27, 42, 44, 65, 98, 99, 138
畜獣 animale brutum　135
知識 scientia　130, 138, 140, 141, 174, 181, 187, 199
地上 terra　44, 196
知性 intellectus　136, 166, 200
知能 mens　14
地平線 horizon　42, 48, 84, 95～99
地平点 punctum horisontale　36, 49
地平面 planum horisontis　47, 55～59, 84
注意 attentio　40
腸 intestinum　9
頂点 summum culmen　42／vertex　47, 49, 52, 53, 56～59, 66, 70, 76, 78～80, 82, 84, 85, 88, 89, 96
長方形 rectanglum　47～53
直線（linea）recta　16～21, 26, 33, 35～39, 45, 47, 48, 52, 53, 56～59, 63～67, 71, 72, 74, 77～88, 91～93, 98, 102, 104, 106, 107, 110, 112, 113, 115, 116, 127, 128, 132
直立した erectus　47, 55～58, 60, 69, 103

直角 angulus rectus　56, 78, 86, 88
直観 intuitus　99
直径 diometer　56, 84
陳述 oratio　135, 138〜140, 148
月 luna　27, 41〜44, 96, 99
罪 peccatum　170, 186, 189, 190, 194, 195
定義 definitio　181
抵抗 resistentia　91, 145
体裁のよい decorus　167
底辺、底面 basis　47, 49〜52, 56〜59, 84, 115
定理 theorema　140, 141
敵意 inimicitia　151
哲学 philosophia　3, 173, 187
　哲学者 philosophus　7, 60, 140
天 coelum　7, 166
点 punctum　24, 26, 32, 35, 36, 45, 50, 56, 58, 61, 64, 66〜68, 71, 72, 74, 76〜78, 80〜86, 88, 89, 91〜93, 95, 98, 102〜108, 110〜116, 119〜130, 132, 133
天空 coelum　41, 42, 99
天体 astrum　7, 15, 27, 96〜99
　天体の運行 motus coelestium　138
天頂にある culminare　96
天分 ingenium　166, 174
天文学 astronomia　142
瞳孔 pupilla　16, 21〜23, 43, 89, 105, 106, 119〜122
透視図 pictura perspectiva　36, 46
　透視図法 perspectiva　46, 48〜50, 55, 56, 60
等質の homogeneus　98
道徳学 scientia moralis　154
動物 animal　15, 135〜140, 171
　動物精気 spiritus animalis　44, 161, 164, 166, 167, 169, 173
動脈 arteria　9, 10, 12
　動脈血 sanguls arteri　12
透明板 diaphanus　45, 47, 55, 56 ／ tabula diaphana　57, 58, 84
透明体 diaphanum　60
透明な diaphanus　63, 65
倒立した〔て〕inversus　73, 79, 111, 112
倒立像 imago inversa　108, 109, 112
時 tempus　148, 150, 193　→時間
徳 virtus　156, 157, 180〜183, 190, 196
毒 venemum　12
特性 proprietas　141, 142
土壌 terra　13
土地 terra　205
凸面 superficies convexa　66
凸面鏡 speculum convexum　64, 66, 68, 70, 72, 85
凸レンズの視力補正具 dioptrum convex　102, 103, 105〜107, 109, 112, 121〜123, 125〜127, 130, 131
富 divitia　151, 152, 174, 176
努力 conatus　145, 171

ナ行

名 nomen　136, 147, 148, 172　→名称
長さ longitudo　31, 37〜39, 54, 91
鳴き声 vox　135, 136
斜め〔の〕obliquus　105

斜めに oblique　18, 21, 91, 105
肉 caro　9
肉体的享楽 voluptas carnis　158
入射する incidere　17, 19, 21, 23, 29, 70, 71, 80, 83～85, 102～106, 108, 111, 116, 120, 123, 124, 132 ／ cadere　74
　入射光〔線〕(radius) incidens 63, 68, 73, 76, 85
　入射線 (linea) incidens　72, 74, 76～78, 80, 86, 87, 89
乳糜 chylus　9
　乳糜管 vena lactea　9
尿管　13
尿道 ureter　13
人間 homo　4, 8, 15, 135～141, 143, 152, 158, 168, 171, 175, 176, 180～182, 185, 186, 189, 191, 192, 194, 196, 198, 199, 203, 205, 206
認識 cognitio　31, 140～142, 176
熱 febris　12, 13
熱中 studium　174
脳 cerebrum　9, 28, 29, 30
能力 potestas　141／ potentia 155, 166

ハ行

覗き眼鏡 perspecillium　54
媒体 medium　40, 91～95, 100, 102, 103, 116
肺胞組織 parenchyma pulmonum 10
博物誌 historia naturalis　153
恥 pudor　166, 194, 195
場所 locus　16, 21, 26, 27, 31, 33～36, 38, 39, 42, 61, 64, 70～78, 80～85, 91, 92, 95, 96, 106～110, 113～116, 124, 126, 127, 129, 130, 133, 148, 154, 192, 193, 200
罰 poena　170, 189, 190
発光点 punctum radians　102～104
発する光 radiatio　17, 129
発生 generatio　13, 140, 141
速さ velocitas　26
半円周 semicircumferentia　26
半径 intervallum　58／ semidiameter　67, 68, 87, 89
犯罪 crimen　170, 198
反射 reflectio　44, 65, 67, 73, 76
　反射角 angulus reflexionis (refractus)　67, 96
　反射光〔線〕(radius) reflexus 63, 68
　反射する reflecti　72～75, 77, 78, 80, 83, 85, 88, 89, 99
　反射線 linea reflexa　72, 76, 77, 78, 80, 86～88
　反射点 punctum reflexionis 66, 75
　反射面 superficies reflectens 79
判断〔力〕judicum　15, 173, 174
反発 resistentio　16, 17, 29, 44
判明な distinctus　20, 105, 107, 121, 122
　判明に distincte　106, 108, 111, 119～126, 128, 130, 133
美 pulchritudo　149
光 lumen　15, 40, 42～44, 96, 99, 116, 131
卑下 humilitas　192, 194

被造物 creatura　196
必然性 necessitas　135
火花 scintillula　24, 25
美貌 forma　149
評価尺度　→尺度
病気 morbus　11, 13
表現 representatio　45, 46, 54
描出 descriptio　45
表象 phantasma　15, 161
〔表〕面 superficies　31, 42, 45, 56, 58, 59, 64, 72, 76, 77, 85, 98, 99, 101〜106, 108, 109, 113, 115, 116, 119, 131〜133
面 persona　203
比率 ratio　51〜54
微粒粉末 pulvisculis　40
比例 proportio　55
品位 honestas　149
貧窮 mendicitas　151
貧乏 indigentia　152
風紀 mos　178, 199, 200
風俗 mos　178
不快 molestia　145, 146／molestum　147, 164
福音 evangelium　195
服従 obedientia　188, 189
復讐欲 cupido vindictae　163, 164
不幸 malum　154
不公正 iniquum　142
不正 injustum　42, 183
不正義 injustitia　143
物質 materia　13, 153／substantia　29
物体 corpus　4, 7, 15, 26, 39, 42, 46, 98, 137, 138, 200
沸動 fermentatio　13
物理学 physica　142
不体裁な indecorus　166, 167
不法行為 injuria　163, 164, 177, 189
文学 litera　153
分離線 linea separatrix　94, 95
　平行線 (linea parallela)　52, 69, 75, 76, 79〜83, 93, 111, 112, 115, 119
平行な〔に〕〔で〕parallelus　27, 35, 37, 46, 48, 50〜53, 58, 59, 67, 70, 71, 74, 75, 78〜81, 83〜85, 91, 92, 106, 107, 110, 113, 115, 116, 119, 121, 123, 127, 128, 132
　平行六面体 parallelipipedus　49, 53
平面 superficies plana　45／planum　46, 49, 53, 55〜61, 66, 102, 104, 116
　平面鏡 speculum planum　63〜65, 75, 84
平和 pax　138, 139, 157, 175
辺 latus　39, 47, 48, 50, 52, 53, 58, 59, 67
弁 valvula　9
法 lex　143, 177, 178, 186〜188, 196, 206
望遠鏡 tubus opticus　43／telescopium　117, 121, 122, 126, 127, 129〜131, 133, 134
法則 lex　94, 106, 109, 113
放物形 parabola　57〜59
法律 lex　196
補強具 armatura　101, 105
星 stella　42, 96, 100
保証 sponsio　205
　保証人 sponsor　205

炎 flamma　26
本性 natura　7, 15, 29, 105, 137, 143, 152, 174, 175, 186, 187, 192, 193, 200
本人 author　204, 205, 206
本人性 authoritas　204
前房水 humor aqueus　101

マ行

貧しさ paupertas　151
満悦 gloria　152
慢心 gloriatio　166
見かけ　31, 38
見かけの apparens　33, 35, 37, 42, 43, 70〜72, 76, 78, 80, 82〜84, 92, 95, 99, 106, 107, 109, 113, 115, 126, 127, 131, 150, 151, 164
醜いこと〔もの〕turpe　156
身の守り praesidium　150〜152, 155
脈絡 contextus　135, 136
未来 futurum　145, 169
民衆 vulgus　179, 180, 199〜201
民主制 democratia　179
虫眼鏡 specillum　101
無知 ignorantia　140, 152, 156, 199, 200
目 oculus　16〜21, 24, 25, 27, 31〜34, 37〜45, 47, 50〜52, 54, 56〜59, 61, 65, 68〜73, 75〜80, 82, 83, 85〜89, 91〜96, 98, 99, 101, 105〜107, 111, 114, 120, 122, 123, 125〜127, 129〜134, 168
名辞 nomen　136, 138　→名
名称 nomen　196
迷信 superstitio　196, 197
名声 fama　169
命題 propositio　27, 94, 140, 174, 200
名誉 honor　176, 177
命令 mandatum　178, 188, 189
　命令権者 imperans　178, 188
面　→〔表〕面
毛細静脈 vena capillaris　9, 12
毛細動脈 arteria capillari　12
毛様体突起 processus ciliares　16, 23
網膜 retina　16, 17, 21〜24, 29, 30, 32, 33, 44, 85, 103, 105, 108, 119〜121, 130, 133
網膜球 retina　18, 19, 27, 34, 35, 37, 45, 66, 84, 86, 105, 106, 109, 113, 115, 116, 119, 122, 123, 126〜131

ヤ行

役 persona　204
約定 pactum　143, 181
野心 ambitio　168, 178, 180
勇気 fortitudo　182, 183
友情 amicitia　150, 151
有用な〔だ〕〔で〕utilis　149〜153, 156, 182, 183
善いこと〔もの〕bonum　147, 148, 150〜153, 155, 157, 161, 162, 164, 165, 169, 194, 197
欲 cupido　136, 146, 147, 152／cupiditas　169
予見 praevisio　152
預言者 propheta　197, 198
予断 praeconceptum　146
予兆 prognostica　197, 198

欲求 appetitio　145, 146, 161／appetitus　145, 147, 158
喜び gaudium　135, 136, 162, 164, 166, 167

ラ行

裸眼 oculus nudus　101, 107
理性 ratio　15, 28, 161, 165, 169, 180
理由 ratio　27, 30, 34, 123, 133, 149
量 quantitas　31, 141, 142
量体 magnitudo　21
稜線 latus　45
吝嗇 avaritia　168
隣人 vicinus　168
　隣人愛 charitas　182, 183
倫理学 ethica　142
歴史 historia　153
憐憫 misercordia　170
論拠 argumentum　43

ワ行

悪いこと〔もの〕malum　147, 148, 150, 151, 157, 161～164, 166, 170, 197

訳者略歴

本田　裕志（ほんだ　ひろし）

龍谷大学文学部教授

1956年　東京都に生まれる

1987年　京都大学大学院文学研究科博士課程満期退学

2007年より、龍谷大学文学部助教授を経て現職

主な著訳書

『ベルクソン哲学における空間・延長・物質』（晃洋書房）

『生命倫理の現在』（共著、世界思想社）

『環境と倫理』（共著、有斐閣）

『応用倫理学事典』（共編著、丸善）

ホッブズ『市民論』（京都大学学術出版会）

J・レイチェルズ『生命の終わり』（共訳、晃洋書房）

人間論《にんげんろん》　　近代社会思想コレクション08

平成24（2012）年7月5日　初版第一刷発行

著　者　トマス・ホッブズ

訳　者　本《ほん》　田《だ》　裕《ひろ》　志《し》

発行者　檜　山　爲　次　郎

発行所　京都大学学術出版会

京都市左京区吉田近衛町69

京都大学吉田南構内(606-8315)

電話　075(761)6182

FAX　075(761)6190

http://www.kyoto-up.or.jp/

印刷・製本　亜細亜印刷株式会社

ISBN978-4-87698-594-4

Printed in Japan

定価はカバーに表示してあります

近代社会思想コレクション刊行書目

（既刊書）

01 ホッブズ 『市民論』
02 J・メーザー 『郷土愛の夢』
03 F・ハチスン 『道徳哲学序説』
04 D・ヒューム 『政治論集』
05 J・S・ミル 『功利主義論集』
06 W・トンプソン 『富の分配の諸原理1』
07 W・トンプソン 『富の分配の諸原理2』
08 ホッブズ 『人間論』